통합 마케팅 커뮤니케이션 핸드북

IMC(Integrated Marketing Communication) Handbook

마케팅 커뮤니케이션 전문성 향상을 위한

통합 마케팅 커뮤니케이션 핸드북

인쇄| 2020년 2월 17일
발행| 2020년 2월 20일

글쓴이| 권중록
펴낸이| 장호병
펴낸곳| 북랜드
      06252 서울 강남구 강남대로 320, 1108호(황화빌딩)
      대표전화 (02) 732-4574|(053) 252-9114
      팩시밀리 (02) 734-4574|(053) 252-9334

등 록 일| 2000년 11월 13일
등록번호| 제2014-000015호
홈페이지| www.bookland.co.kr
이 - 메일| bookland@hanmail.net

책임편집| 김인옥
교   열| 배성숙 전은경

ISBN 978-89-7787-915-7 93300
ISBN 978-89-7787-916-4 95300 (e-book)

값 15,000원

* 본 저서는 대구대학교 2018년 연구지원 결과물임.

마케팅 커뮤니케이션 전문성 향상을 위한

통합 마케팅 커뮤니케이션 핸드북

IMC(Integrated Marketing Communication) Handbook

권 중 록 지음

북랜드

머리말

 21세기에 고객 혹은 수용자와 커뮤니케이션 한다는 과제는 대단히 많은 선택적 요소를 고려해야 한다. 메시지를 실어나르는 수단이 이전보다 훨씬 더 복잡해졌기 때문이다.

 뉴미디어 분야에서 대표적 매체 수단이 온라인이나 모바일 커뮤니케이션이라 할 수 있다.

 특정 업체 혹은 특정 브랜드나 특정한 소비자 집단을 상대로 하는 경우, 모바일 커뮤니케이션만으로 커뮤니케이션 효과가 충분한 예가 많다.

 이 같은 현상은 지난 세기에는 상상하기 힘들었다.

 중국의 알리바바는 소비자 상대 커뮤니케이션 수단을 잘 활용하여 성장한 기업의 대표적인 보기이다. 최근 유튜브 채널을 마케팅 커뮤니케이션 수단으로 활용하는 것은 상식이 되어버렸을 정도이다. 문제는 이 같은 최신 미디어만으로 마케팅 목표를 달성할 수 있을까 하는 것이다.

 다양한 커뮤니케이션 수단을 종합적 차원에서 한데 묶은 것이 이른바 "통합 마케팅 커뮤니케이션"이라는 용어이다. 이 용어 자체는 최근에 생긴 것이 아니다.

 소비자를 향한 메시지 전달 수단이 최근, 특히 20세기 후반을 시작으로 21세기 들어 갑자기 폭발적으로 증가한 까닭에 이런 수단을 종합적 차원에서 다루어 보자는 것이 통합 마케팅 커뮤니케이션(Integrated Marketing

Communication: IMC)이라 할 수 있다.

IMC의 목표는 다양한 커뮤니케이션 수단들의 개별효과를 극대화함으로써 브랜드 인지도를 출발로 하여 매출목표나 나아가 브랜드 자산 확충에 이르는 마케팅 목표를 달성하는 데 기여하는 것이다.

이 책은 다양한 형태의 메시지 전달 수단이 다양한 목적을 지니고 활용되고 있지만, 개별 수단들의 효율성이 종합적 차원에서 전략적으로 기획된다면 보다 높은 효율을 얻어낼 수 있도록 하고자 한다.

일반적으로 통합 마케팅 커뮤니케이션은 마케팅의 프로모션 차원의 요소인 "광고, 판매촉진, PR, 인적판매"에 동원되는 수단을 묶은 것을 가리킨다.

그러나, 이 책에서는 마케팅적 요소가 강한 판매촉진이나 인적판매 요소보다는 커뮤니케이션적 요소에 비중을 많이 두고 내용을 편성하였다.

차례

머리말 —————————————————————————— 004

1부 통합 마케팅 커뮤니케이션(IMC) 기초 개념 ——————— 009
1장 통합 마케팅 커뮤니케이션 기초 개념 —————— 010
2장 통합 마케팅 커뮤니케이션 과정 ————————— 011

2부 IMC 과정 ————————————————————— 021
1장 브랜드와 기업의 내적·외적 상황 분석 ————— 022
2장 목표 수용자 분석 ——————————————— 027
3장 IMC 목표 설정과 예산 ————————————— 034
4장 통합 마케팅 전략 결정 ————————————— 037

3부 IMC 수단들 ———————————————————— 039
1장 광고 ————————————————————— 040
2장 Publicity —————————————————— 093
3장 지역사회 관계 ———————————————— 103
4장 투자자 관계 ————————————————— 108
5장 마케팅 PR —————————————————— 115

6장 공공정보 캠페인과 사회 마케팅 —————— 124

7장 공익광고 ————————————————— 133

8장 쟁점 관리 ————————————————— 159

9장 정부 관계 ————————————————— 171

10장 국제 PR ————————————————— 176

11장 공중 참여 ———————————————— 181

12장 PR과 인터넷 ——————————————— 187

13장 노사 관계 ———————————————— 192

4부 IMC 기획서 보기 ——————————————— 199

색인 ————————————————————— 243

1부
통합 마케팅 커뮤니케이션(IMC) 기초 개념

*1*장 통합 마케팅 커뮤니케이션 기초 개념

*2*장 통합 마케팅 커뮤니케이션 과정

통합 마케팅 커뮤니케이션 기초 개념

IMC(Integrated Marketing Communication) 개념은 마케팅 커뮤니케이션 수단의 총집합을 의미한다. 광고캠페인, 직접판매, 판매촉진 활동, PR 캠페인의 다양한 프로그램 등 총체적으로 동원하여 마케팅 목표 달성에 효과적으로 대응하는 커뮤니케이션 과정을 말한다. 마케팅 커뮤니케이션 과정에 적용하던 커뮤니케이션 수단을 개별적으로 사용할 것이 아니라, 단일 목표에 공동으로 대응하여 마케팅 목표 혹은 기업의 목표까지도 보다 효율적이고 효과적으로 달성하기 위한 과정을 말한다.

• IMC 등장 배경과 기능

소비자들의 커뮤니케이션 행태가 아주 다양하게 변하고 있다는 점, 통신 수단이 다양하고 기술수준이 급속히 발전하고 있는 상황으로 인해 전통적인 마케팅 커뮤니케이션 활동으로는 효과적인 마케팅 목표달성에 한계가 발생한다는 점 등이 새로운 형태의 커뮤니케이션이라 할 수 있는 IMC가 등장한 것이다. 거시적 차원으로 보면, 정치, 법률, 문화, 커뮤니케이션 기술발전에 따른 기업의 환경 등이 빠르게 변화하고 있고 이로 인해 국제적 또는 사회적 환경이 동시에 바뀌고 있다는 점이다. 소비자 측면인 미시적 차원으로 보면, 인구통계학적 특성, 소비자의 생활형태, 미디어 이용 행태와 제품 구매 행태 등이 거시적 변화에 따라 민감하게 변화하는 환경이 새로운 형태의 커뮤니케이션을 등장시키게 한 요인으로 풀이된다.

IMC는 기존의 마케팅 커뮤니케이션과 동일한 기능으로 마케팅 활동에 작용한다. 다양한 커뮤니케이션 수단으로 통합함으로써 목표를 보다 효율적으로 달성할 수 있다는 것이다.

2장

통합 마케팅 커뮤니케이션 과정

그림 1.2.1 통합 마케팅 커뮤니케이션 전개 과정

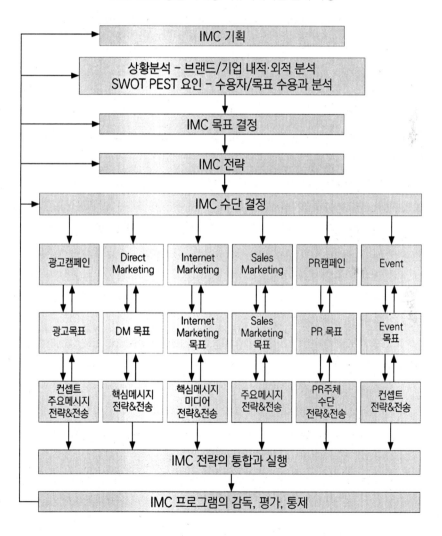

IMC 기획

상황분석 - 브랜드/기업 내적·외적 분석
SWOT PEST 요인 - 수용자/목표 수용과 분석

IMC 목표 결정

IMC 전략

IMC 수단 결정

광고캠페인	Direct Marketing	Internet Marketing	Sales Marketing	PR캠페인	Event
광고목표	DM 목표	Internet Marketing 목표	Sales Marketing 목표	PR 목표	Event 목표
컨셉트 주요메시지 전략&전송	핵심메시지 전략&전송	핵심메시지 미디어 전략&전송	주요메시지 전략&전송	PR주체 수단 전략&전송	컨셉트 전략&전송

IMC 전략의 통합과 실행

IMC 프로그램의 감독, 평가, 통제

1. 기관/조직의 목표

조직이나 회사의 존재 근거를 말한다. 회사의 철학이나 국가나 사회를 위해 추구하는 가치관을 가리킨다. 회사의 비전이 될 수도 있다.

2. 상황분석 : SWOT와 PEST 분석

1) 시장 및 기회분석

일반적으로 상황분석에 필요한 내용은 시장의 일반적 상황에 해당 것들을 말한다. 시장의 동향, 시장 추이, 시장 규모, 최근 동향, 경쟁사의 활동 등을 일컫는다.

상황분석에는 거시적 요인분석, 미시적 요인 분석으로 정리할 수 있다.

미시적 요인분석은 조직/회사의 내부분석이 될 수 있다. 회사 역사, 회사 성장 추세 등이 포함된다. 주로 SWOT(Strength, Weakness, Opportunities, Threats)로 압축할 수 있다. S는 회사나 브랜드의 강점 혹은 특이한 것으로 유리한 요인을 들 수 있다. W는 반대로 약점을 말한다. O는 회사나 브랜드가 잘 이용하면 마케팅 목표달성에 유리한 외부의 요인을 말한다. 예를 들면, 기름값이 올라가면 작은 차나 자전거 관련 회사나 브랜드는 기회요인이 되는 것이다. 반대로 대형차와 관련된 회사나 브랜드에게는 위협이 되는 것이다. T는 회사나 브랜드가 잘못 대응하거나 방치하면 마케팅 목표달성에 불리하게 작용하는 외부요인을 말한다. 기름값이 올라가면 대형차나 고급차 관련 회사에게는 위협요인으로 작용하고 이들은 여기에 적절히 대응해야 한다.

거시적 요인분석은 PEST(Political, Economy, Social and Technical Situation)에 해당하는 상황내용으로 알아본다.

Political Situation(정치적 상황)을 말한다. 정치적 상황이 해당 브랜드나 기업에 미치는 영향이 무엇인지를 알아본다. 정부의 정책이나 집권여당의 정책방향이 특정 브랜드나 기업에 영향을 미치는 요인이나 상황을 말한다.

Economy Situation(경제적 상황)을 말한다. 불경기, 호황의 경기, 소비 위축 상태나 실업률이 높은 상태 등이 해당 브랜드나 기업에 미치는 내용이 무엇인지 알아보는 것을 말한다. 즉 현재 상태의 경제적 조건이 브랜드나 기업에 미치거나 미칠 수 있는 것들을 찾아내는 것을 말한다.

　Social Situation(사회적 상황)을 말한다. 사회적으로 현재 상황이 브랜드나 기업에 미치는 영향을 알아본다. 청년들이 결혼지연 현상이 두드러짐으로 인한 영향, 청년 실업률이 높아진 상태가 미치는 영향, 교육관련 지출이 가계비에 차지하는 비중이 커짐에 따른 영향, 노인 인구가 급증함에 따른 영향, 힘들고 어려운 일이나 더러운 일에 종사하려는 사람들이 부족하여 어려움을 겪는 상황이 브랜드와 기업에 미치는 영향 등을 알아봐야 한다.

　Technical Situation(기술적 상황)에 해당하는 내용을 조사해본다. 브랜드나 기업의 제품과 관련된 기술변화가 어떤 영향을 미치거나 미칠 수 있는지를 알아본다.

2) 경쟁상황분석　3) 시장 세분화 및 소비자 분석　4) 목표 소비자 선정

3. 목표 수용자 분석

1) IMC 주제가 브랜드일 경우

　: 광고캠페인에서 목표소비자를 정의하는 과정을 진행할 것

◎ 브랜드와 관련된 소비자 알아보기 : 대단히 중요한 단계이다. 정확히 알아야 한다. 다음의 세 가지 내용을 면밀히 정리해야 한다.

- 인구통계학적 자료 : 매체전략에도 중요한 자료가 된다.
- 소비자 상표지표 자료 : 판매촉진에도 중요한 근거를 제공한다.
- 심리적 자료 : 소비자 life style 조사, 표현전략과 전술에서 핵심자료.

이 단계에서는 소비자층 전체를 볼 수 있어야 한다. 아주 특별한 제품을 제외하고는 모든 제품의 소비자층이 다양하기 때문이다. 따라서 제품을 이용하거나 구매하는 소비자층 전체를 볼 수 있는 자료를 정리해야 한다.

　전체 소비자를 알아본 후 2단계에서는 광고를 반드시 보게 해야 하는 목표소비자를 결정한다.

	인구통계학적으로 어떤 사람들인가?
소비자 알아보기 요약	상표지표와는 어떤 관계에 있는가?
	Life Style은 어떤가?

(1) 인구통계학적 자료

나이, 성별, 결혼상태, 직업분류, 교육 정도, 소득 수준, 인종이나 국적, 종교, 사회적 위치, 주거위치, 매체이용 행태

(2) 소비자 상표지표 자료(Brand Index)

특정제품을 구매하는 동기, 구매시기, 구매와 관련된 행위, 특정브랜드에 대한 인지도나 태도(호감도, 선호도), 제품을 사용하는 행위나 특정 습관, 구매단위, 재구매 기간

(3) 소비자 심리자료 : Life Style(AIO 분석)

AIO 분석을 통한 조사 : Activities(활동 영역), Interests(관심 영역), Opinion(가치나 철학)

- 소비자들은 주로 어떤 활동을 하면서 보내고 있나?
- 소비자들이 현재 가장 관심을 보이는 주제나 영역은 무엇인가?
- 소비자들의 가치나 철학은 무엇인가?

위 자료들을 수집한 후 소비자 관련 자료들을 정리하여 알아보기 쉽게 요약해야 한다.

2) IMC 주제가 기업, 기관 혹은 조직일 경우

: 이해당사자를 조사해야 한다.

즉, Public Relations 캠페인에서 Public을 찾아야 한다.

◎ 공중(public)이란 무엇인가?

공중(public)이란 "조직과 공동 이해관계(common interest)를 공유하고, 그 의미를 잘 알고 있으며 그 의미를 위해 특별한 조치를 취하는 집단"으로 정의할 수 있다. 이 공중은 관심영역과 특성상 동질성을 지니고 있다. 이들은 조직이 처한 상황이나 조직과 관계를 잘 알고 있다.

PR캠페인에서는 공중에 해당하는 것으로 우선 공중을 찾아내는 것(Identification)과 정확히 공중을 분석하는 과정(Analysis)을 거쳐야 한다.

즉 PR기획자는 우선 다양한 형태의 공중에서 정확히 커뮤니케이션을 실시할 공중을 찾아내는 과정을 거쳐야 한다. 그 다음 각 공중을 주의 깊게 분석해 봐야 한다.

이 같은 과정은 커뮤니케이션 활동에서 인적 및 물적 자원의 효율적 활용을 위해서는 물론이거니와 PR캠페인의 목적과 목표를 달성할 수 있게 해준다.

(1) 공중의 다섯 가지 특징

① 뚜렷이 구분 지을 수 있어야 함 : 나이, 지리적 위치, 소득 수준 등으로 구체적 정의가 가능해야 함. life style 등.

② 동질적이어야 함 : 특정 문제에 대한 시각이나 이해관계에 대하여 같은 입장을 지니고 있어야 함.

③ 조직에 중요한 영향을 미쳐야 함.

④ 규모가 커야 함 : 조직에 영향을 미치는 정도가 커야 함.

⑤ 접촉 가능한 공중이어야 함.

(2) Grunig의 공중 분류와 발전과정(smith p.54)

① 비공중(Nonpublic) : 조직과의 이해관계에서 전혀 관련이 없는 층

② 무관심공중(Apathetic publics) : 조직과 관련은 있으나 조직의 문제에 무관심한 층

③ 잠재공중(Latent publics) : 조직이 문제를 접하고 있으나 알아채지 못하고 있는 층

④ 자각공중(Aware publics) : 조직의 문제를 인지하고 있는 층

⑤ 활동공중(Active publics) : 문제에 대해 무엇인가 행하고 있는 층

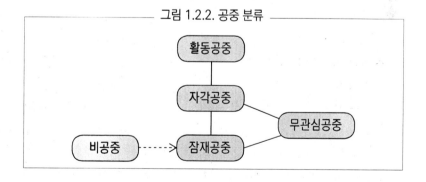

그림 1.2.2. 공중 분류

(3) 공중 분류

① 잠재공중
- 상황을 잘 감시할 것
- 주제에 대한 태도가 변화될 것을 예상할 것
- 주제에 대한 정보를 제공하기 위한 커뮤니케이션 계획을 세울 것
- 주제가 공중 자신들에게 얼마나 중요한지를 설명할 것
- 조직이 주제에 대해 어떤 의견을 지니고 있고 어떤 행동을 계획하고 있는지 전달할 것

② 무관심공중
- 조직에 장애가 되거나 기회가 될 수 있는 집단 혹은 조직이 그 공중에 장애가 되거나 기회가 될 수 있는 집단임
- 상황을 잘 감시할 것
- 주제와 관련된 공중의 인식변화를 감지할 것
- 주제에 대한 정보를 제공하기 위한 커뮤니케이션 계획을 세울 것
- 주제가 공중 자신들에게 얼마나 중요한지를 설명할 것
- 조직이 주제에 대해 어떤 의견을 지니고 있고 어떤 행동을 계획하고 있는지 전달할 것

③ 자각공중
- 조직에 장애요소와 기회요소를 알고 있지만 아직 조직적 행동은 하지 않고 있음
- 주제에 대한 커뮤니케이션을 시작할 것. 주제가 공중 자신들에게 얼마나 중요한지를 설명할 것
- 조직이 주제에 대해 어떤 의견을 지니고 있고 어떤 행동을 계획하고 있는지 전달할 것

④ 활동공중
- 조직에 장애요소와 기회요소를 알고 있지만 아직 조직적 행동은 하지 않고 있음
- 행동을 위해 준비하거나, 이미 조직행동을 하고 있음
- 즉각적으로 커뮤니케이션 프로그램을 실행할 것
- 질문과 비평에 적절히 대응하고 다음 커뮤니케이션 프로그램을 준

비할 것

※ 활동공중은 다시 세 부류로 나눌 수 있다.

- 전 주제 공중(all issues publics)
  : 조직에 영향을 미치는 모든 문제에 활동적인 공중
- 단일 주제 공중(single issue publics)
  : 한 가지 주제에만 관심을 보이는 공중
- 쟁점 주제 공중(hot issue publics)
  : 미디어로부터 집중 주목을 받고 있는 넓은 층으로 구성된 공중

무엇이 공중이냐 하는 내용을 정리하면 다음과 같다.

"조직과 관련된 공통의 이해관계를 갖고 있으며, 그 의미를 이해하고 있고, 문제해결을 위해 어떤 조치를 취하는 그룹"

- 이해관계에서 동질성
- 특정 상황에 동일하게 처함
- 조직과의 관계를 통해
- 공통의 문제를 해결하기 위해 해결책을 구함
- 공중은 구분될 수 있다
- 공중은 동질적이다
- 공중은 조직에 중요한 집단이다
- 공중은 조직에서 다루어야 할 상당히 큰 집단이다
- 공중은 메시지 접촉이 가능한 집단이다

(4) 공중 찾기(Identifying publics), 공중 집단의 네 분류

① 소비자 : 이것은 다시 일차 소비자, 이차 소비자로 구분할 수 있다.

② 생산자 : 조직에 자원을 제공하는 집단이다.(투자자, 제품공급자, 인적자원, 노동자 집단)

③ 권력자(Enablers) : 규제나 기준을 만들어 조직과 관련된 활동에 입법활동을 할 수 있는 집단을 의미한다.
   (국회의원, 언론 지도층, 여론 지도자, 각종 NGO)

④ 제한자(Limiters) : 조직의 성공을 제한하거나 감소시키는 역할을 하는 집단을 가리킨다. (경쟁자, 적대관계의 집단)

이상의 공중 집단을 그림으로 표시하면 다음과 같다.

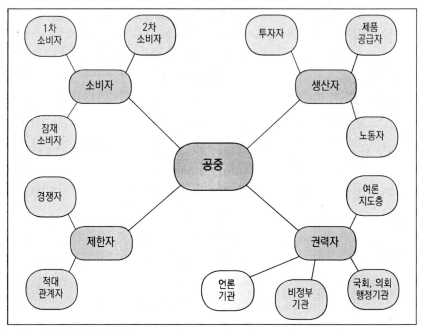

4. IMC 목표 설정

IMC 활동을 통해 다양한 목표를 설정할 수 있다. 일반적으로 다음과 같은 목표가 설정될 수 있다. 정보제공형, 특정브랜드나 기업에 대한 태도(호감이나 선호도 향상), 시장확대 즉 수요창출, 제품차별화 강조, 판매목표, 고객과의 관계 구축, 혹은 이상의 목표들을 상호 조합한 것들이 될 수 있다.

1) 정보제공 목표

커뮤니케이션을 통한 정보전달 형태의 목표를 말한다. 특정 제품의 속성이나 제공되는 서비스 가운데 목표소비자가 잘 모르는 내용을 알게 하는 것이다. 모르는 내용을 알게 해주는 활동이므로 제공하는 정보가 대단히 구체적이고 정밀해야 한다.

2) 기업이나 브랜드에 대한 태도 목표

특정 기업이나 브랜드에 대한 목표 소비자의 태도를 여러 가지로 설명할 수 있으나, 일반적으로 호감도나 선호도를 향상시키는 단계를 가리킨다.

3) 브랜드나 기업에 대한 태도

다양한 수단을 동원해 해당 소비자들을 접촉한 결과가 브랜드나 기업에 대하여 호의적 감정을 가지게 하거나 경쟁기업에 대하여 보다 높은 수준의 호감도를 가지게 하는 목표를 말한다. 일반적으로 전 단계인 정보제공형 목표가 이루어진 다음에 추구하는 목표수준이다.

여기서 호감도 혹은 호의적 태도는 이전에는 소비자들이 지니고 있지 않았거나 비우호적인 태도를 호의적 태도 혹은 호감도를 갖게 하는 것이며, 선호도는 경쟁브랜드나 경쟁 기업에 비하여 상대적으로 높은 수준의 호감도나 호의적 태도를 형성하게 하는 것을 의미한다.

4) 시장확대/수요창출

시장확대는 특정 브랜드가 미치지 않고 있는 소비자층에게 브랜드가 알려지고 판매가 일어나도록 하는 것을 가리킨다. 시장확대는 소비자의 주로 인구통계학적 요인을 중심으로 하여 미개척 시장에 브랜드가 진입하는 것을 말한다. 즉 지리적으로 브랜드 판매영역을 넓히거나, 나이 성별 소득계층 별로 전에 공략하지 않았던 소비계층에 침투하는 것을 가리킨다. 수요창출도 사실상 시장확대와 비슷한 개념이긴 하지만, 시장에 전혀 특정 제품이나 브랜드가 진입하지 않았거나 유사한 제품이 존재하지 않을 경우에 소비자들에게 구매욕구를 자극하여 수요를 발생시키면 수요창출이라고 일컬을 수 있다.

5) 제품 차별화 강조

이와 같은 목표는 초기의 정보제공형에 해당할 수도 있다. 그러나 정보제공형 목표 중에도 브랜드의 특정요소를 강조하고자 하는 경우는 제품차별화 목표를 설정할 수 있다. 경쟁 제품과의 비교에서 우위적 요소가 있는지 아니면 목표 소비자층에게 알려지지 않은 제품요소가 있을 경우 차별화 강조 목표를 설정할 수 있다. 일반적으로 제품컨셉트에 해당하는 것으로 시작한다.

6) 판매목표

마케팅 목표의 최종 그리고 바람직하게 요구되는 일반적 형태의 목표이다. 모든 마케팅은 필요조건 형태의 목표가 판매이다. 판매가 이루어져야 일단은 성공한 커뮤니케이션이라 할 수 있다. 물론 충분조건은 아니다.

모든 마케팅 커뮤케이션의 궁극적 목표는 사실상 판매를 위한 것이다. 판매가 제대로 이루어진 다음에 그 다음 수준의 높은 가치에 해당하는 목표 설정이 가능하다.

7) 목표 소비자와의 관계

목표 소비자와의 관계 목표는 일반적으로 소비자의 충성도 형성과 충성도 유지를 위한 것이다. 이 같은 충성도 형성과 유지는 브랜드나 기업의 성장에 꼭 필요한 목표이다. 흔히 마케팅 커뮤니케이션의 목표를 3R 즉 Recognition-인지도 향상, Reduce-브랜드 이탈률 줄이거나 방지하기, Retain-충성도 유지 즉 충성소비자를 잘 관리하기 등으로 설명하기도 한다. 최근에 등장한 새로운 개념으로 소비자관계 관리(Customer Relationship Management, CRM)이라는 것 있다.

5. IMC 전략

IMC 전략이라는 것은 목표를 달성하기 위해 동원되는 다양한 커뮤니케이션 프로그램에 대한 상대적 중요성을 정리하는 단계이다. 즉 광고캠페인, PR캠페인, 특별행사, 온라인 이벤트, Direct Marketing 등에 해당하는 커뮤니케이션 프로그램을 어떻게 효과적으로 구성할 것인가 하는 문제를 결정하는 것이다. 예를 들면, "브랜드의 인지도를 단시간에 향상시키기 위해 광고캠페인을 주로 대중매체를 동원하는 소위 ATL(Above The Line) 중심으로 하고, 소비자들의 태도를 동시에 고려하는 목표를 위해서는 특별행사를 중심으로 진행한다. 이런 내용을 소비자에게 알리는 일은 MPR프로그램을 동원하고 입소문을 통한 전체적 정보확산은 온라인 이벤트를 적용한다."라는 식으로 정리할 수 있다.

다시 말해 IMC가 추구하는 목표에 따라서 최적의 커뮤니케이션 수단들을 어떻게 조합하느냐 하는 것이 IMC의 전략이라 할 수 있다. 전체 커뮤니케이션 프로그램의 예산을 각 개별프로그램 별로 어떻게 배분하느냐 하는 것으로 요약될 수도 있다. 혹은 정성적으로 개별프로그램의 강조점을 구분하여 설정할 수도 있다.

*2*부
통합 마케팅 커뮤니케이션(IMC) 과정

*1*장 브랜드와 기업의 내적·외적 상황 분석

*2*장 목표 수용자 분석

*3*장 IMC 목표 설정과 예산

*4*장 통합 마케팅 전략 결정

1장

브랜드와 기업의 내적·외적 상황 분석

그림 2.1.1. IMC의 흐름

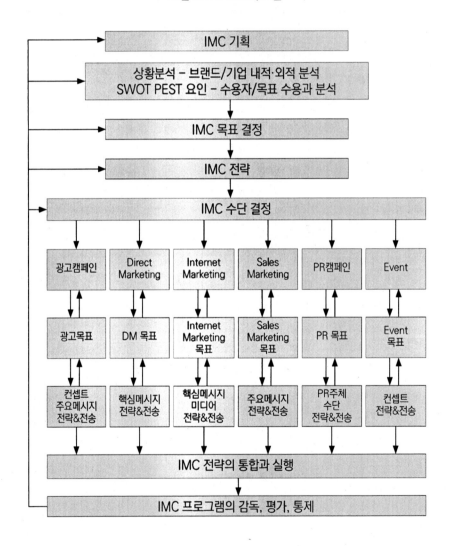

1. 기업분석 항목

- 중·장기 비전은 무엇인가?
- 기업의 성향은 어떤가?
  새로운 사업이나 경쟁적 대응에 적극적 도전자인가? 수동적 자세인가?
- 기업의 활용 가능한 자원은 무엇인가?
  (회사자산, 인적요소, 재정요소, 기술요소 등)
- 기업의 매출과 이익 규모
- 시장 점유율
- 주요 제품의 판매 경향
- 사회적, 경제적, 문화적, 기술적 요소는 무엇인가?
  (IMC 실행에 미치는 요소)
- 경쟁사의 마케팅 활동은 어떤가?

2. 제품분석 항목

- 목표 소비자가 우리 제품에 기대하는 핵심은 무엇인가?
- 제품과 직결된 시장 상황은 어떤가?
- 제품의 주요 혜택과 만족도
- 제품의 인지도, 호감도, 선호도 등은 어떤가?
- 제품에 대한 소비자 불만은?
- 소비자 불만처리는 어떤가?
- 제품에 대한 사용상 특성 즉 물리적 속성은 무엇인가?
- 제품에 대한 심리적 차별화는 어느 정도인가?
- PLC(제품수명주기)에서 해당 제품 위치는 어디인가?

◎ 제품 수명주기(Product Life Cycle Curve)

  : 시장에서 제품이 등장하여 사라지는 기간 = PLC Curve
  ① 도입기(Marketing 측면) : 브랜드 인지도↑
      이 단계는 인지도 위주의 광고를 함
  ② 성장기 : 매출↑

브랜드에 대한 태도를 형성하기 시작하는 단계, 호감도가 성장한 그 다음단계인 선호도 단계, 이때 경쟁사 제품이 등장한다.

③ 성숙기 : 시장의 포화상태. 매출은 최대, 이윤도 최대.

차별화 된 메시지 광고가 필요

Marketing적으로 Brand Switch(상표를 바꿈)가 일어날 수도 있다.

* Brand Switch를 광고의 Marketing적 기능으로 보면,

3R's - Recruit : 신규고객 창출 / Retain : 고객을 유지

Reduce : 고객 이동을 줄이는 기능(성숙기 때), 고객 상실 방
지 기능

④ 쇠퇴기 : 매출↓

광고가 제품을 쓰고 있는 고객을 잡기 위해 실행된다.

즉 충성고객(Loyal Customer)을 위한 유지광고를 펼친다.

* 충성고객 : 한 제품의 브랜드를 오랫동안 바꾸지 않고 계속 재구매
하는 고객

3. 소비자분석 항목

1) 인구통계학적 요인

연령과 직업, 성별과 교육수준, 경제적 여건, 가족구조와 거주지역, 종교 등

2) 소비자의 내적(심리) 요인

주로 라이프스타일을 통해 알아볼 수 있다. 라이프스타일 분석방법은 행동 라이프스타일 분석, AIO 분석, VALS 분석, 사회적 경향 분석 등이 있다. 여기서는 AIO 요인을 중심으로 알아본다.

◎ AIO(Activity, Interest, Opinion) 분석

라이프스타일을 활동, 흥미, 의견 등의 세 가지와 인구통계학적 특성을 파악하려는 방법이다. 여기서 활동이란 노동과 여가를 어떻게 보내는가 하는 문제이며, 흥미 혹은 관심은 여러 가지 생활환경 중에서 무엇에 흥미를 가지고 있는가에 대한 문제이다. 그리고 의견은 사회적·개

인적 문제에 관해 어떤 입장을 취하고 있는가 하는 문제이다.

① 활동(Activities) : 어떤 활동을 주로 하는가? 여가시간 활동은 무엇인가?

② 관심(Interest) : 관심을 가지고 있는 주제는 무엇인가? 평소에 지속적으로 신경을 쓰고 있는 영역이나 대상을 말한다.

③ 의견(Opinion) : 사회적, 국가적 주제에 대한 생각은 어떤가? 가치관은 무엇인가?

4. 소비자 상표지표 항목(Brand Index)

- 과거 6개월 구매자 중 해당 제품의 구매빈도
- 소비자 희망가격
- 인지도 관련 : 최초 상기도, 비보조 인지율, 보조 인지도
- 제품 만족도 : 현재 사용자의 제품 만족도
- 향후 구매의도 상표
- 재구입 의도
- 시장 점유율
- 광고점유율 : 제품의 전체 광고 중 해당 제품 광고비율
- 제품 구입 장소 : 최근 해당 제품을 구입한 장소
- 제품 구입자 : 실제 해당 제품을 구입한 사람
- 제품 구입 이유 : 실제 해당 제품 구입자의 구입 이유

5. 경쟁상황 분석

1) IMC 분야에서 경쟁사의 활동분석

- 매체는 어떠한가?
- 전체 수단의 양적인 측면, 강도는?
- 메시지는 무엇인가?
- Media Play는 어떤가?

2) 경쟁사의 마케팅 커뮤니케이션 활동 조사

- 주로 사용하는 매체 성격
- 광고와 PR 캠페인의 주요 내용, 프로모션 활동 내용

상황분석을 아래와 같이 정리할 수 있다.

◎ 기업내부 분석 : SWOT 분석

강점(Strength)	약점(Weakness)
재무적·인적 자원 요소 우수한 기술수준 소비자의 기업에 대한 호의도 소비자 불만처리 평가 가격 우위요소 경쟁적으로 유리한 점 제품혁신능력 탁월한 경영능력 등	전략적 단점 경쟁력 쇠퇴 낙후 시설 낮은 수익성 주요기술 부재 내부 불만, 종업원 사기 저하 등 마케팅 기술 부족 제품 경쟁력 부족 등
기회(Opportunities)	위협(Threats)
새로운 시장과 세분시장으로 진입 가능성 제품계열의 추가로 시장 진입기회 제품 다각화 시장 규모가 커짐 법이나 정부정책이 유리하게 책정됨 사회·문화적으로 유행을 타고 있음 빠른 시장 성장	새로운 경쟁사의 등장 대체제품의 판매량 증가 느린 시장 성장 역행하는 정부의 방침이나 엄격한 법규제 사회·문화적으로 기업이 불리한 환경 증대되는 경쟁적 압력

◎ 기업외부 분석 : PEST 분석

Political (정치 환경)	Social(사회적 환경)
정치적 환경이 어떤가 여당/야당의 정책이 기업에 미치는 영향 주요 정책이 기업에 미치는 영향	사회적 분위기가 기업에 미치는 영향 유행은 어떤가? 사람들의 행동양식은? 일반적 여론과 기업과 관계
Economy(경제 환경)	Technology(기술환경)
새로운 시장 형성 가능성 경제적 환경요인이 기업에 미치는 영향 경제관련 법이나 정부정책이 미치는 영향 소비 성향과 기업관계	새로운 기술을 개발은 어떤가? 기술개발과 소비자와 관계 기술개발이 기업에 미치는 영향

2장
목표 수용자 분석

특정한 단일 브랜드에 대한 과제가 아니고 조직이나 기업의 마케팅 커뮤니케이션 과제라면 단순 목표수용자 혹은 소비자라는 측면보다 공중이라는 개념으로 접근하는 것이 바람직하다.

모든 설득 커뮤니케이션에서 수신자 즉 커뮤니케이션 대상을 정확히 알아본다는 것은 효과적인 목표달성을 위해 필수적 과정이기 때문이다.

공중(public)이란 "조직과 공동 이해관계(common interest)를 공유하고, 그 의미를 잘 알고 있으며 그 의미를 위해 특별한 조치를 취하는 집단"으로 정의할 수 있다. 이 공중은 관심영역과 특성상 동질성을 지니고 있다. 이들은 조직이 처한 상황이나 조직과 관계를 잘 알고 있다.

PR캠페인에서는 공중에 해당하는 것으로 우선 공중을 찾아내는 것(Identification)과 정확히 공중을 분석하는 과정(Analysis)을 거쳐야 한다.

즉 PR기획자는 우선 다양한 형태의 공중에서 정확히 커뮤니케이션을 실시할 공중을 찾아내는 과정을 거쳐야 한다. 그 다음 각 공중을 주의 깊게 분석해봐야 한다.

이 같은 과정은 커뮤니케이션 활동에서 인적 및 물적 자원의 효율적 활용을 위해서는 물론이거니와 PR캠페인의 목적과 목표를 달성할 수 있게 해준다.

1. 공중(public)이란 무엇인가?

(1) 공중의 다섯 가지 특징

① 뚜렷이 구분지을 수 있어야 함 : 나이, 지리적 위치, 소득 수준 등으로 구체적 정의가 가능해야 함. life style 등

② 동질적이어야 함 : 특정 문제에 대한 시각이나 이해관계에 대하여
 같은 입장을 지니고 있어야 함.
③ 조직에 중요한 영향을 미쳐야 함.
④ 규모가 커야 함 : 조직에 영향을 미치는 정도가 커야 함.
⑤ 접촉 가능한 공중이어야 함.
(2) Grunig의 공중 분류와 발전과정(smith p.54)
 ① 비공중(Nonpublic) : 조직과의 이해관계에서 전혀 관련이 없는 층
 ② 무관심공중(Apathetic publics) : 조직과 관련은 있으나 조직의
  문제에 무관심한 층
 ③ 잠재공중(Latent publics) : 조직이 문제를 접하고 있으나 알아채
  지 못하고 있는 층
 ④ 자각공중(Aware publics) : 조직의 문제를 인지하고 있는 층
 ⑤ 활동공중(Active publics) : 문제에 대해 무엇인가 행하고 있는 층

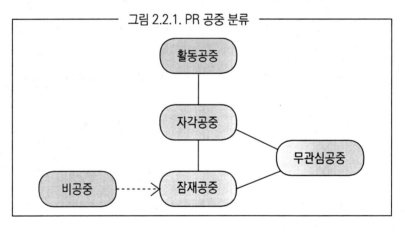

그림 2.2.1. PR 공중 분류

(3) 공중 분류
 ① 잠재공중
 - 상황을 잘 감시할 것
 - 주제에 대한 태도가 변화될 것을 예상할 것
 - 주제에 대한 정보를 제공하기 위한 커뮤니케이션 계획을 세울 것

- 주제가 공중자신들에게 얼마나 중요한지를 설명할 것
- 조직이 주제에 대해 어떤 의견을 지니고 있고 어떤 행동을 계획하고 있는지 전달할 것

② 무관심공중

- 조직에 장애가 되거나 기회가 될 수 있는 집단 혹은 조직이 그 공중에 장애가 되거나 기회가 될 수 있는 집단임
- 상황을 잘 감시할 것
- 주제와 관련된 공중의 인식변화를 감지할 것
- 주제에 대한 정보를 제공하기 위한 커뮤니케이션 계획을 세울 것
- 주제가 공중 자신들에게 얼마나 중요한지를 설명할 것
- 조직이 주제에 대해 어떤 의견을 지니고 있고 어떤 행동을 계획하고 있는지 전달할 것

③ 자각공중

- 조직에 장애요소와 기회요소를 알고 있지만 아직 조직적 행동은 하지 않고 있음
- 주제에 대한 커뮤니케이션을 시작할 것. 주제가 공중 자신들에게 얼마나 중요한지를 설명할 것
- 조직이 주제에 대해 어떤 의견을 지니고 있고 어떤 행동을 계획하고 있는지 전달할 것

④ 활동공중

- 조직에 장애요소와 기회요소를 알고 있지만 아직 조직적 행동은 하지 않고 있음
- 행동을 위해 준비하거나, 이미 조직행동을 하고 있음
- 즉각적으로 커뮤니케이션 프로그램을 실행할 것
- 질문과 비평에 적절히 대응하고 다음 커뮤니케이션 프로그램을 준비할 것

※ 활동공중은 다시 세 부류로 나눌 수 있다.
- 전 주제 공중(all issues publics)
  : 조직에 영향을 미치는 모든 문제에 활동적인 공중
- 단일 주제 공중(single issue publics)
  : 한 가지 주제에만 관심을 보이는 공중
- 쟁점 주제 공중(hot issue publics)
  : 미디어로부터 집중 주목을 받고 있는 넓은 층으로 구성된 공중

무엇이 공중이냐 하는 내용을 정리하면 다음과 같다.

"조직과 관련된 공통의 이해관계를 갖고 있으며, 그 의미를 이해하고 있고, 문제해결을 위해 어떤 조치를 취하는 그룹"

- 이해관계에서 동질성
- 특정 상황에 동일하게 처함
- 조직과의 관계를 통해
- 공통의 문제를 해결하기 위해 해결책을 구함
- 공중은 구분될 수 있다
- 공중은 동질적이다
- 공중은 조직에 중요한 집단이다
- 공중은 조직에서 다루어야 할 상당히 큰 집단이다
- 공중은 메시지 접촉이 가능한 집단이다

(4) 공중 찾기(Identifying publics), 공중 집단의 네 분류

① 소비자 : 이것은 다시 일차 소비자, 이차 소비자로 구분할 수 있다.

② 생산자 : 조직에 자원을 제공하는 집단이다.(투자자, 제품공급자, 인적자원, 노동자 집단)

③ 권력자(Enablers) : 규제나 기준을 만들어 조직과 관련된 활동에 입법활동을 할 수 있는 집단을 의미한다.
(국회의원, 언론 지도층, 여론 지도자, 각종 NGO)

④ 제한자(Limiters) : 조직의 성공을 제한하거나 감소시키는 역할을 하는 집단을 가리킨다.(경쟁자, 적대관계의 집단)

(5) 목표 공중

key publics 혹은 target publics라고도 한다. PR캠페인을 통해 목적 및 목표를 달성하기 위해 반드시 메시지를 전해야 할 대상을 의미한다.

위의 설명과 그림에서 여러 형태의 공중을 분류시켜 본 후 PR캠페인이 필수적으로 PR메시지를 도달시켜야 할 집단을 선정하여 중요도를 정해본다.

(6) 공중분석에서 중요한 점

① 공중이 PR캠페인에서 처한 상황

- 요구, 관심, 기대치는 무엇인가?

② 조직과의 관계

- 공중이 조직에 미칠 영향은?

- 혹은 조직이 공중에 미칠 영향은?

- 공중이 본 조직의 이미지는 무엇인가?

- 조직이 본 공중의 이미지는 무엇인가?

③ 커뮤니케이션

- 미디어 이용 습관, 이들이 신뢰하는 미디어나 다른 집단은 무엇인가?

- 캠페인 주제와 관련된 정보에 대한 태도(적극적 정보추구자, 소극적 처리 등)

④ 인구통계학적

- 나이, 성별, 소득, 교육, 종교, 결혼 여부, 자식의 수, 주거지역 등

⑤ 라이프 스타일(심리적 특성) 분석(AIO 분석)

- 주요활동(ACTIVITIES) : 주요한 활동은 무엇인가?

- 관심사항(INTEREST) : 주요 관심거리는 무엇인가?

- 의견주장(OPINION) : 가치관, 철학 등은 무엇인가?

아래 그림을 통해 공중의 요구내용이나 심리적 분석을 해볼 수 있다.

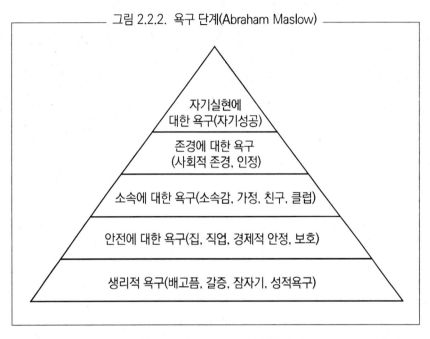

그림 2.2.2. 욕구 단계(Abraham Maslow)

위의 그림을 통해 공중의 심리상태를 분석하여 실제 프로그램이나 PR 메시지제작에 적용해 봐야 할 것이다.

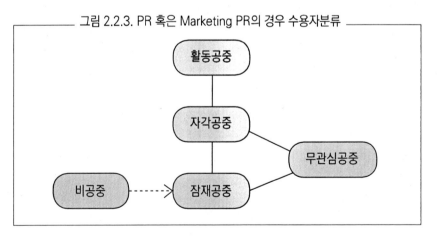

그림 2.2.3. PR 혹은 Marketing PR의 경우 수용자분류

위의 분류된 공중 가운데 해당 캠페인의 공중이 특정하게 분류되면 아래와 같이 좀 더 상세히 이들을 나누어 볼 수 있다.

그림 2.2.4. 공중의 상세분류

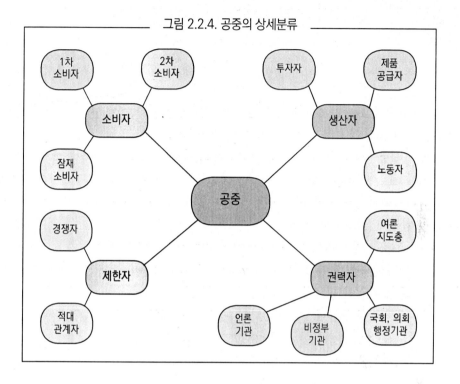

3장

통합마케팅 커뮤니케이션(IMC) 목표 설정과 예산

IMC 목표는 마케팅 부서의 마케팅 목표와 깊은 연관이 있어서, 기획과 정에 마케팅 부서의 목표를 반드시 알아보아야 한다.

마케팅 커뮤니케이션 기간 동안 달성해야 할 매출, 특정 매출에 따른 이 익률, 또는 시장점유율(Market share) 등이 주요한 목표가 된다. 마케팅 커 뮤니케이션 분야뿐 아니라 모든 캠페인성 과제의 목표는 다음과 같은 항목 을 염두에 두어야 한다.

- 목표는 양적 단위로 표시되어야 하고 측정이 가능해야 한다.
- 목표가 달성되는 목표대상을 명확히 정의해야 한다.
- 특정기간이 표시되어야 한다.
- 동원되는 커뮤니케이션 수단이 구체적으로 표시되어야 한다.
- 목표는 달성 가능한 것이어야 한다.
- 목표는 분명하게 표현되어야 하고 모든 구성원에게 이해되어야 하며 공유되어야 한다.

1. IMC 예산

1) 매출액에 근거한 예산
제품별 혹은 브랜드 별로 판매실적에 Ek라 예산을 배분하는 방법임.

2) 이익에 근거한 예산
매출근거에 기준한 방법과 비슷함. 다만 제품이나 브랜드에 따른 이 익률이 다르기 때문에 전적으로 고려해야 함.

3) 목표 기준법
마케팅 커뮤니케이션 캠페인에서 가장 이상적인 예산설정 방법임.

전체 커뮤니케이션을 실행할 경우 예상되는 결과 구체화하여 이에 필요한 예산을 설정하는 방법임.
4) 경쟁사 혹은 선두주자 비교한 예산
   경쟁사의 커뮤이케이션 활동을 알아보고 상대적 대응에 따른 예산설정
5) 총력 예산 설정
   회사나 조직이 사용가능한 예산 전체를 투입하는 경우임
6) SWAG : Sophiscated Wild Ass Guess
   과거 경험에 근거하여 예산규모를 결정하는 방법

2. 통합 마케팅 커뮤니케이션 목표 설정을 위한 구체적 과제

IMC의 목표는 기본적으로 마케팅 목표에 근거한다. 즉 마케팅 목표를 달성하기 위한 보조 목표라 할 수 있다. 마케팅 목표를 달성해내는 데 통합 커뮤니케이션 수단으로 지원해 준다는 의미이다. 물론 특정 상황이나 브랜드에 따라서 마케팅 목표와 IMC 목표가 일치할 수도 있다.

마케팅 커뮤니케이션 목표 설정을 하려면 소비자 혹은 PR 캠페인의 경우 공중의 일반적 커뮤니케이션 과정을 이해해야 한다. 즉 커뮤니케이션 모델을 알아야 한다.

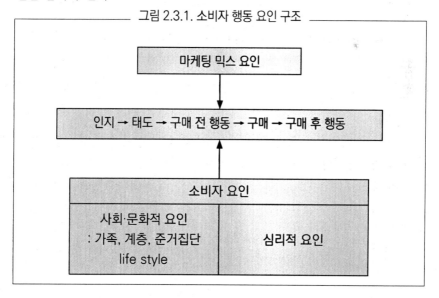

그림 2.3.1. 소비자 행동 요인 구조

3. 소비자의 커뮤니케이션 과정

소비자 설득 차원	구매와 관련된 설득과정
행동차원 : 구매, 구매연관 행동	구매 혹은 구매 직전 행동
감정차원 : 다양한 태도	확신, 욕구, 선호, 호감
인지차원 : 브랜드 인지, 광고인지, 특정 메시지 인지 등	인지 : 보조인지, 비보조 인지, 최초 상기도

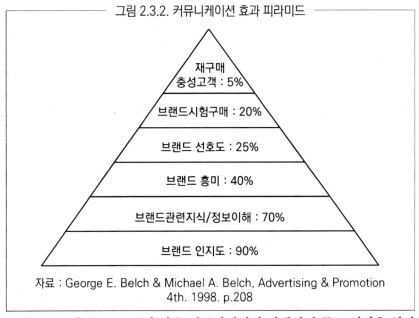

그림 2.3.2. 커뮤니케이션 효과 피라미드

재구매
충성고객 : 5%

브랜드시험구매 : 20%

브랜드 선호도 : 25%

브랜드 흥미 : 40%

브랜드관련지식/정보이해 : 70%

브랜드 인지도 : 90%

자료 : George E. Belch & Michael A. Belch, Advertising & Promotion 4th. 1998. p.208

광고, PR 혹은 IMC 등과 같은 커뮤니케이션 캠페인의 목표 설정은 위의 커뮤니케이션 과정 중에서 특정한 단계를 설정하는 것이다.

그러나, IMC와 같은 통합적 커뮤니케이션 활동은 목표소비자 혹은 목표 공중이 복수층이 될 것이다. 그래서 결국 커뮤니케이션 대상이 다양할수록 목표도 다양하게 설정될 수 있다. 물론 동일한 목표가 설정될 수도 있다. 특히 커뮤니케이션 주체가 기업, 기관 혹은 조직일 경우는 커뮤니케이션 대상이 여러 집단일 가능성이 높다. 자연히 목표 설정이 여러 가지가 될 수 있다. 다만 이 같은 조금씩 다른 목표가 마케팅 목표를 달성하는 데 효과적인 목표여야 한다.

4장
통합 마케팅 커뮤니케이션 전략 결정

모든 캠페인에서 상황분석이 완료되고 목표가 결정되면 목표를 달성하기 위한 커다란 방향 즉 전략을 결정해야 한다. 행동하기 위한 방향을 말한다. 마케팅 커뮤니케이션 수단을 동원하는 전체적 방향을 가리킨다.

즉 IMC 목표달성을 위한 가장 효과적이고 효율적인 IMC 수단 동원 방향을 말한다.

다음 요소들을 잘 고려해야 한다.
- IMC가 해결해야 하는 브랜드나 기업(조직)의 중요 과제나 문제점의 성격을 명확히 정의.
- 관련된 수용자 혹은 소비자 정의를 정확히 할 것.
- 마케팅 목표와 IMC 목표를 분명히 이해할 것.

그림 2.4.1. 통합마케팅 커뮤니케이션(IMC) 수단(개요)

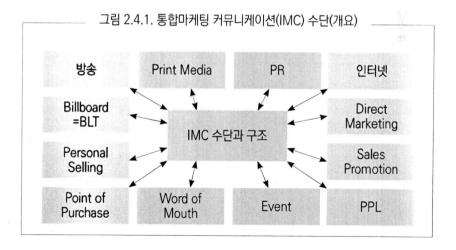

3부
통합 마케팅 커뮤니케이션(IMC) 수단

*1*장 광고

*2*장 Publicity

*3*장 지역사회 관계

*4*장 투자자 관계

*5*장 마케팅 PR

*6*장 공공정보 캠페인과 사회 마케팅

*7*장 공익광고

*8*장 쟁점 관리

*9*장 정부관계

*10*장 국제 PR

*11*장 공중 참여

*12*장 PR과 인터넷

*13*장 노사 관계

1장

광고

◈ 광고 캠페인 기획의 전체 과정

1단계 : 시장환경 알아보기
2단계 : 광고캠페인 전략 세우기
3단계 : 광고 표현전략 세우기
4단계 : 광고 매체전략 세우기

◈ 광고 캠페인 단계별 주요내용

시장환경	브랜드가 처한 시장상황 알아보기
	브랜드의 속성 알아보기
	브랜드와 관련된 소비자 알아보기
	해당브랜드와 관련된 경쟁사의 마케팅활동과 광고 알아보기
시장상황 요약 : SWOT(해당 브랜드의 강점, 약점, 기회, 위협) / 컨셉 설정	
광고캠페인 전략	광고캠페인 목표 설정
	광고 컨셉트 추출
	광고캠페인 목표 소비자 선정
	광고 예산 설정
광고 표현전략	Creative 목표 설정
	Creative concept 설정
	Creative 전략 선정
	Creative 전술 구상

광고 매체전략	매체 목표 설정
	매체 전략 설정
	매체 전술 설정
	매체 스케줄

1. 1단계 : 시장 상황 분석

시장환경	브랜드가 처한 시장상황 알아보기
	브랜드의 속성 알아보기
	브랜드와 관련된 소비자 알아보기
	해당브랜드와 관련된 경쟁사의 마케팅활동과 광고 알아보기

시장 상황 요약 내용

→ 시장 관련 자료를 핵심단어 중심으로 정리할 것.

→ 시장상황 정리 : SWOT 항목별로 요약할 것.

→ 위의 요약 자료를 근거로 CONCEPT 추출

1) 브랜드가 속한 시장상황 알아보기

다음과 같은 질문을 해 봐야 한다.

(1) 우리 제품이 속한 시장규모는 어느 정도인가?

금액 단위, 판매 개수/년, 이용자 수 등

(2) 이 제품의 성장 경향은 어떠한가?

계절별, 연도별, 지역별 시장 구조 등

(3) 이 제품의 유통구조상 특이점은 무엇인가?

(4) 이 제품이 속한 시장에서 최근 특이한 현상은 없는가?

(5) 시장점유 구조는 브랜드별로 어떤 형태인가?

그 형태가 지니는 의미는 무엇인가?

이와 같은 질문은 해당브랜드가 속한 외부 상황에 대한 답을 알아보는 것들이다. 이외에도 정치적(Political), 경제적(Economy), 사회적(Societal), 기술적(Technology) 요약하면 PEST분석이라 하는 모델로 브랜드 외부사정을 압축해서 알아볼 수 있다.

◎ PEST 분석

정치적 상황(Political)	경제적 상황(Economy)
정치영역이 해당제품에 미치는 영향 정부의 정책과 연관성 정부 규제나 촉진 정책 등과 연관성	경제 전반적 추세와 관계
사회적 상황(Societal)	기술적 상황(Technology)
사회적 분위기가 제품에 미치는 영향 새로운 유행이나 경향 소비 심리	새로운 기술은 없는지 현재 기술의 문제점 기술의 변화와 그 경향 소비자들의 신기술에 대한 반응

위 질문에 대한 답은 일반적인 문헌이나 조사자료에서 찾을 수 있다.

2) 브랜드의 속성 알아보기

우리 브랜드는 어떠한가? 다음과 같은 질문의 답을 찾아봐야 한다.

(1) 우리 브랜드의 일반적 속성은 무엇인가?

(2) 우리 브랜드의 물리적 특성은 무엇인가?

　　이 속성은 소비자들을 강력하게 설득할 수 있는가?

(3) 우리 브랜드의 기능적 특성은 무엇인가?

　　이 특성이 소비자들에게 중요한 것인가?

(4) 소비자들이 우리 브랜드에 대해 어떻게 생각하고 있나?

　　좀 더 구체적인 방법으로 제품위치도(positioning map) 혹은 제품인식도를 그려보면 쉽게 알 수 있다.

　◎ 제품 위치도나 제품 인식도 그리기

　제품에 대한 소비자의 총체적 인상, 특정 브랜드를 경쟁 브랜드와 시장에서 어떤 위치에 있는지를 알기 쉽게 분석하는 기법을 말한다. 다음과 같은 세 가지 기법이 있다.

　① 소비자 행동 모델 기법

　소비자가 구매까지 의사결정 과정 상에서 보이는 지각-행동의 관계를 전체 흐름으로 보고 주요 행동 단계를 중심으로 그려보는 방법이다.

② 브랜드 관련 인식도 기법

　이것은 브랜드에 부여하는 소비자들의 인식상태를 현재와 이상적 상태로 구분하여 알기 쉽게 정리한 것을 말한다.

③ 다차원 결정과정 모델 기법

　브랜드의 제품 특성을 소비자가 중요하게 여기는 속성 중심으로 경쟁 브랜드와 어떻게 차별되는지 보기 위한 모델이다. 예를 들면, 자동차의 경우 가격, 디자인, 연비와 같은 속성을 중심으로 자동차 브랜드를 배치시켜보는 것이다.

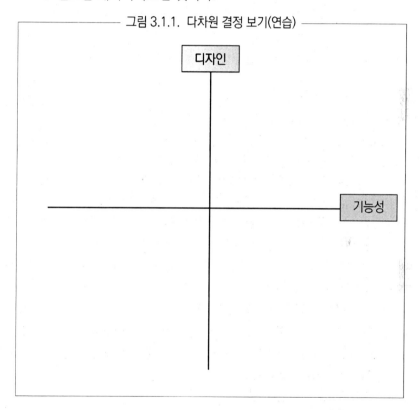

그림 3.1.1. 다차원 결정 보기(연습)

(5) 제품 수명주기(product life cycle curve)에서 어디에 있는가?
　아래 그림에서 광고캠페인을 계획하는 브랜드는 어디에 있나?
　특정 위치에 있다면 그것이 무엇을 의미하는가?

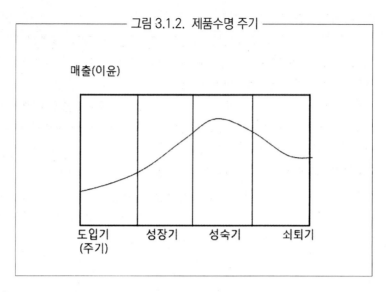

그림 3.1.2. 제품수명 주기

매출(이윤)

| 도입기 | 성장기 | 성숙기 | 쇠퇴기 |
(주기)

3) 브랜드와 관련된 소비자 분석

다음의 세 가지 내용을 면밀히 정리해야 한다.

(1) 인구통계학적 자료 : 매체전략에도 중요한 자료가 된다.

(2) 소비자 상표지표 자료 : 판매촉진에도 중요한 근거를 제공한다.

(3) 심리적 자료 : 소비자의 life style 조사, 표현 전략과 전술에서 핵심 자료이다.

이 단계에서는 소비자층 전체를 볼 수 있어야 한다. 아주 특별한 제품을 제외하고는 모든 제품의 소비자층이 다양하기 때문이다. 따라서 제품을 이용하거나 구매하는 소비자층 전체를 볼 수 있는 자료를 정리해야 한다.

전체 소비자를 알아 본 후 2단계에서는 광고를 반드시 보게 해야 하는 목표소비자를 결정한다.

소비자 분석 요약	인구통계학적으로 어떤 사람들인가?
	상표지표와는 어떤 관계에 있는가?
	Life Style은 어떤가?

① 인구통계학적 자료

나이, 성별, 결혼상태, 직업분류, 교육 정도, 소득 수준, 인종이나 국적, 종교, 사회적 위치, 주거위치, 매체 이용 행태

② 소비자 상표지표(Brand Index) 자료

특정제품을 구매하는 동기, 구매시기, 구매와 관련된 행위, 특정브랜드에 대한 인지도나 태도(호감도, 선호도), 제품을 사용하는 행위나 특정 습관, 구매단위, 재구매 기간

③ 소비자 심리자료 : Life Style(AIO 분석)

AIO 분석을 통한 조사

: Activities(활동 영역), Interests(관심영역), Opinion(가치나 철학)

- 소비자들은 주로 어떤 활동을 하면서 보내고 있나?
- 소비자들이 현재 가장 관심을 보이는 주제나 영역은 무엇인가?
- 소비자들의 가치나 철학은 무엇인가?

위 자료들을 수집한 후 소비자 관련 자료들을 정리하여 알아보기 쉽게 요약해야 한다.

4) 해당브랜드와 관련된 경쟁사의 마케팅활동과 광고 분석

(1) 경쟁브랜드는 어떤 것들이 있는가?

때로는 같은 영역의 제품이 아닌 것들이 경쟁대상이 될 수도 있다. 예를 들면, 스포츠 관련 제품의 경쟁대상이 반드시 스포츠 제품만은 아니다. 전자오락 혹은 게임관련 제품이 될 수 있다. 전자오락이나 게임한다고 스포츠 상품 소비를 기피하기 때문이다.

(2) 경쟁 브랜드의 광고목표는 무엇인가?

(3) 경쟁브랜드의 광고 전략은 무엇인가?

(4) 경쟁브랜드 광고의 핵심 메시지는 무엇인가?

(5) 경쟁브랜드의 광고매체 전략은 어떤가?

(6) 경쟁브랜드의 다른 마케팅 커뮤니케이션 활동은 무엇인가?

◎ 시장 상황 요약 : SWOT 분석

시장현황을 압축해서 정리하는 방법으로 흔히 SWOT를 이용한다.

Strength : 강점	Weakness : 약점
브랜드가 지니고 있는 우위적 요소 강력한 구매력을 제시할 수 있는 것	브랜드가 지지고 있는 약점 소비자들이 구매하기 꺼리는 요소
Opportunities : 기회	Threats : 위협
브랜드 외적으로 즉 시장에 존재하는 유리한 상황	브랜드 외적으로 시장에서 우리 브랜 드에 불리하게 영향을 미칠 수 있는 요소

◎ 컨셉트 설정

위의 SWOT 분석이 완료되면 제품이 소비자에게 강력하게 주장할 수 있는 한 가지 중요한 핵심이 나타나게 되어있다. 그 핵심을 제품 컨셉트(product concept)라 한다.

① 제품의 특성에서 찾기

② 브랜드의 이미지에서 찾기 : 소비자가 가지고 있거나 특별히 의도하는 브랜드 개성

③ 포지셔닝 중심으로 찾기 : 경쟁 브랜드와 비교하여 설정된 해당 qm랜드의 위치

2. 2단계 : 광고캠페인 전략 세우기

광고캠페인 전략 세우기	1) 광고캠페인 목표 설정
	2) 광고 컨셉트 추출
	3) 광고캠페인 목표 소비자 선정
	4) 광고 예산 설정

1) 광고캠페인 목표 설정

광고캠페인 목표는 해당 브랜드가 시장에서 해결해야 되는 과제를 의미한다. 광고는 특정 브랜드가 시장에 처한 문제를 해결해주는 중요한 수단이다. 예를 들면, 브랜드 인지도가 낮아서 문제라면 인지도를 높이는 목표가 달성되어야 한다.

인지도는 어느 정도 높지만 호감도나 선호도가 낮다면 호감도나 선호

도를 높이는 과제가 광고목표가 될 수 있다. 혹은 광고를 본 소비자가 특별한 행동을 하도록 하는 과제를 목표로 설정할 수도 있다. 광고목표는 아래와 같은 커뮤니케이션 모델에서 광고가 해결해야 되는 특정한 단계를 결정하고 양적인 목표치를 설정하는 것을 말한다.

따라서 광고 목표 설정에 필요한 커뮤니케이션 모델을 이해해야 한다.

◎ 전통적인 모델 : AIDA 모델

Attention - Interest - Desire - Action

(주의, 인지) - (관심, 태도) - (욕구) - (행동)

소비자들이 특정 광고를 보고 난 후 위와 같은 과정을 거치는 반응을 하게 된다고 보며, 특정광고는 어느 단계에 목표를 둘 것인지 설정해야 한다.

Attention (주의, 인지) 단계	목표 소비자가 특정 광고를 접하고 해당 브랜드를 알게 되는 단계를 가리킨다. 브랜드 인지단계를 말한다. 인지 단계는 세 가지 개념이 포함되어 있다. - 보조인지도 : 특정한 브랜드를 가르쳐주었을 때 알아내는 정도 - 비보조 인지도 : 특정한 브랜드를 가르쳐 주지 않아도 기억해내는 정도 - 최초 인지도(상기도) : 비보조 인지도에서 특정 브랜드를 가장 먼저 기억해내는 정도
Interest (관심, 태도) 단계	광고를 본 소비자가 위의 인지도 단계를 거쳐 특정 브랜드에 대하여 좋아하는 감정을 갖게 되는 단계를 말한다. 여기에는 일차적으로 막연히 좋아하는 감정인 호감도와 선택적으로 좋아하는 선호도로 구분할 수 있다.
Desire (욕구) 단계	소비자가 광고에서 알게 된 브랜드에 대하여 구매관련 행동을 유발하게 하는 직전단계을 말한다. 광고는 소비자를 구매와 연관된 행동을 하도록 하는 강력한 메시지를 보내야 한다.

Action (행동) 단계	소비자가 광고에서 본 제품을 구매하거나 그 제품을 구매하기 전 필요한 행동을 취하는 단계이다. 예를 들면, 자동차를 구매하기 전에 대리점에 들러서 자동차를 직접 시험해보는 행위나, 아파트 모델하우스 방문, 쿠폰 오려 모으기, 전화문의 등이다.

◎ 효과 계층 모델

아래 표와 같은 모델에 근거하여 광고목표를 설정할 수 있다. 다음의 두 계층모델에서 해당 브랜드가 시장환경에서 어느 단계를 목표로 설정해야 마케팅 활동을 지원하게 되는지를 판단해야 한다.

정보처리와 관련된 모델	커뮤니케이션 효과계층 모델
광고 메시지 제시	인지(상기)도-브랜드를 알게 됨
광고에 주의/주목	주요 메시지 알게 됨
광고 메시지 이해	브랜드 이름이나 특정 메시지를 좋아함
광고핵심 메시지 수용	브랜드 이름이나 특정 메시지를 다른 메시지에 비교하여 더 좋아함
광고핵심 메시지 기억	광고 메시지에 대한 확신/구매 직전 욕망
메시지 기억에 따른 행동	구매

2) 광고 컨셉트 추출

◎ 컨셉트 선정과 광고전략

(1) 브랜드의 특성이 경쟁브랜드와 비교하여 확실한 우위에 있거나 차별적 요소가 있을 경우 혹은 차별적 요소를 강조해야 하는 상황일 때는 제품의 우위적 요소 가운데 가장 강력한 특성을 "제품 컨셉트(product concept)"로 선정할 수 있다. 이와 같은 경우는 대개의 경

우 광고 crearive 전략에서 USP(unique selling proposition)라는 제품판매에 유익한 제안을 중심으로 하는 방향을 선정한다.

(2) 브랜드의 외형적 혹은 기능적 특성을 강조하기보다 심리적 특성을 소비자에게 강조하거나, 특정한 이미지를 구축할 필요가 있을 때는 브랜드 컨셉트(brand concept)를 창출해야 한다. 이때 브랜드 컨셉트는 목표소비자의 심리 가운데 자리잡고 있는 브랜드에 대한 개성차원을 찾아내어야 한다. 이런 경우는 브랜드 이미지 전략을 써야 한다.

(3) 포지셔닝 컨셉트를 찾아야 하는 경우이다. 브랜드를 목표 소비자의 심리 속에 경쟁브랜드와 비교하여 상대적이며 고유한 위치를 설정하고자 하면 "포지셔닝 컨셉트(positioning concept)"를 설정해야 한다. 자연히 표현전략에서 포지셔닝 전략을 쓰게 된다. 이와 같은 컨셉트 선정을 표현 전략에서 보다 상세히 다루겠지만 기획단계에서 브랜드의 강조점을 우선 기획자가 선정해 놓아야 표현전략 단계에서 혼란을 막을 수 있다.

3) 광고캠페인 목표 소비자(수용자) 선정

1단계에서 조사한 여러 소비자층 가운데 본 브랜드가 공략해야 하는 즉 반드시 해당 광고를 보게 해야 하는 층을 선정하고 그 소비자 층에 관련되는 자료를 아래 표에 관련된 정보를 요약한다.

목표소비자 요약	인구통계학적으로 핵심 요소는?
	상표지표에는 무엇이 중요한가?
	Life Style(심리·문화적요인)은 어떤가?

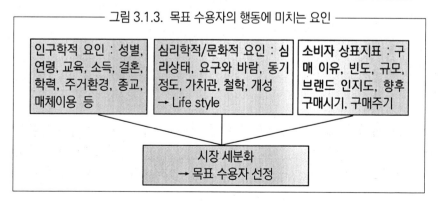

그림 3.1.3. 목표 수용자의 행동에 미치는 요인

| 인구학적 요인 : 성별, 연령, 교육, 소득, 결혼, 학력, 주거환경, 종교, 매체이용 등 | 심리학적/문화적 요인 : 심리상태, 요구와 바람, 동기 정도, 가치관, 철학, 개성 → Life style | 소비자 상표지표 : 구매 이유, 빈도, 규모, 브랜드 인지도, 향후 구매시기, 구매주기 |

시장 세분화
→ 목표 수용자 선정

4) 광고 예산 설정

광고예산 편성을 대단히 중요한 일임에도 광고주의 일방적 주장이나 광고대행사의 매체전략의 진실성에 따른 오해로 인해 대체로 광고주가 결정하는 경우가 다반사이지만, 핵심요소는 이해해둬야 한다.

(1) 지불 능력 기준법

광고주가 지불 가능한 재무 능력 내에서 광고예산을 설정하는 방법이다.

(2) 판매액 비율법

현재까지의 판매액을 기준으로 광고예산을 결정하는 방법이다.
다음과 같은 유리한 점이 있다.
① 기업 수익에 따라 달라지므로 기업경영자의 지지를 쉽게 얻을 수 있다.
② 경쟁업자가 비슷한 비율로 광고를 집행하면 경쟁구도상 안전하다고 볼 수 있다. 문제는 경쟁에서 공격적 전략을 취할 때는 경직된 방법이라서 도움이 되질 않는다.

(3) 경쟁업자 비교법

경쟁업자와 지위를 대등하게 유지하거나 경쟁업자에 대한 특별한 과제를 설정한 경우에 택하는 방법이다.

(4) 목표 과업법

해당 브랜드가 시장환경에서 반드시 달성해야 될 과제를 위해 필요한 예산을 설정하는 방법이다. 정확한 광고목표 설정이 선결과제이다.

3. 3단계 : Creative 전략

광고 표현전략 단계는 흔히 creative단계라고도 한다. 2단계에서 마케팅 중심 자료를 근거로 copy writer와 designer로 구성된 creative팀이 모여 광고메시지를 표현하는 아이디어를 찾아내는 단계이다. 2단계까지는 최근의 정확한 마케팅관련 자료로서 이성적 정보 수집 및 정리단계라면, creative 단계는 감성적 재능을 예술적으로 표현하는 단계이다.

광고 표현전략	Creative 목표 설정
	Creative concept 설정
	Creative 전략 설정
	Creative 전술 구상

1) Creative 목표설정

Creative 목표는 최종적으로 결정된 idea에서 목표수용자가 반드시 기억해야 될 핵심메시지를 어느 정도 수용자에게 침투시킬 것인가를 결정하는 것이다.

여기서 핵심메시지라는 것은 특정 단어가 될 수도 있고, 특정한 비주얼, 혹은 특정한 소리나 음향이 될 수도 있다. Creative 목표는 광고목표를 달성하는 데 반드시 연관되어야 한다.

이 Creative목표가 달성되면 그 결과로 광고목표가 동시에 달성되어야 하기 때문이다.

2) Creative concept 설정

Creative concept는 최종적으로 결정된 광고 아이디어에서 가장 핵심적인 내용을 말한다.

표현된 광고에서 수용자가 기억해내도록 하는 핵심적 내용을 말한다.

3) Creative 전략 설정

Creative 전략은 현재까지 일반적으로 적용되는 세 가지가 있다.

Creative 전략	USP전략 (Unique Selling Proposition)
	Brand Image 전략
	Positioning 전략

(1) USP전략 (Unique Selling Proposition)

USP전략은 1950년 생산자 중심의 마케팅시대에 중점적으로 적용된 광고전략이다. 기업이 제품에 약간의 차별적 특징만 만들어내면 광고를 통해 소비자에게 인지시켜 구매행동을 유발하던 시대에 활용된 광고 전략이다. 따라서 광고는 소비자에게 주는 제품의 특성을 소비자의 편익 중심으로 찾아내면 되었기 때문에 제품 컨셉트가 광고의 가장 중요한 요소로 인식되게 되었다. USP광고의 기본은 소비자에게 제품에 대한 중요한 약속을 한다. 즉 이 제품을 사라, 그러면 독특한 혜택을 얻는 것을 주장한다. 여기서 혜택이란 바로 다른 제품과 차별화되는 제품의 특징, 즉 제품컨셉트가 되는 것이다.

USP전략 접근은 크게 세 가지로 정리할 수 있다. 첫째, 제품에서 USP를 찾아내는 방법이다. 둘째, 제품의 USP가 경쟁브랜드에서 찾아볼 수 없거나 경쟁브랜드가 주장하지 않고 있는 독특한 것이어야 한다. 셋째, 브랜드의 USP가 소비자가 공감하여 구매의사를 일으킬 정도로 강력한 설득력을 가져야 한다. 만약 이런 USP를 브랜드가 가지고 있지 않을 경우, 제품을 개선해야 하며 그것이 불가능하면 광고 브랜드로 부적당하다고 할 수 있다.

USP전략에서는 브랜드의 특징을 강조하여 목표수용자의 머릿속에 기억시키는 핵심 메시지 침투율을 높여 제품구매를 일으키게 하는 구매동기 유발을 가장 매우 중요시한다. 문제는 제품간 기술 편차가 줄어서 실제 제품간의 차별적 요소를 찾기 매우 힘든 상황이 있을 수 있다. 그러므로 USP전략을 적용할 경우, 제품 속에서 판매제안점을 찾지 말고 수용자의 마음속에서 즉 수용자의 욕구나 필요에서 찾아야 성공할 수 있다.

(2) 브랜드이미지 전략

브랜드이미지 전략의 기본은 인간의 감성적인 측면에 강조점을 두고 광고 크리에이티브 전략을 수립해야 한다는 점이다. 이러한 전략은 오길비와 매더(Ogilvy &Mather)에 의해 주장되었다. 브랜드이미지란 브랜드에 개성을 부여하거나 특별한 개성 즉 이미지를 창출하는 것을 의미한다. 브랜드 개성은 브랜드의 상표, 제품포장, 가격, 광고 그리고 브랜드의 자체 특성, 배합요소 등에 의해 복합적으로 형성된다. 브랜드 이미지 광고는 장기간 동일한 이미지를 유지하여야 한다.

브랜드이미지 전략은 다음을 유의해야 한다.

첫째, 제품의 개성을 창조하여 해당 브랜드에 대해 우호적 이미지를 갖도록 한다.

둘째, 동일한 이미지를 지속적으로 유지한다.

셋째, 특정 이미지를 유지하는 것이다.

브랜드이미지는 언어적 영역과는 달리, 소비자의 잠재의식과의 접합으로, 그 목적이 이미지와 무드의 창조이기 때문에 언어적 요소보다는 시각적인 것과 심벌을 중요시한다.

USP를 이성적 접근에 의한 주장의 전략 즉 클레임(claim)의 전략이라고 한다면, 브랜드이미지는 감성적 접근에 의한 느낌(feeling)의 전략이라고 할 수 있다.

브랜드이미지는 소비자의 제3의 귀 즉 심리적 기대에 광고하는 것이다. 방법은 우선 이미지를 설정하고 해당 이미지를 잘 표현하는 최적의 캐릭터를 찾아낸다. 예를 들면, 말보로 담배는 "마초" 즉 터프가이 이미지를 선정하고 캐릭터로 카우보이를 선정했다. 이렇게 선정된 캐릭터가 목표 수용자의 호감과 맞아떨어져야 한다.

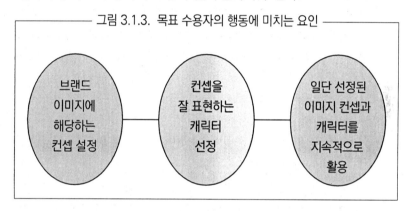

그림 3.1.3. 목표 수용자의 행동에 미치는 요인

(3) 포지셔닝(posiitoning) 전략

포지셔닝이란, 해당브랜드가 경쟁브랜드와 비교하여 소비자의 마음속에 독특한 위치를 점유하도록 하는 것을 말한다. 소비자 마음속에 독특한 자리매김을 의미한다.

포지셔닝은 제품, 서비스, 회사, 조직 또는 사람으로부터 출발할 수 있다. 유의할 점은 포지셔닝이 제품에 대해 어떤 조치를 취하는 것이 아니고, 바로 목표 수용자의 마음을 겨냥하는 일이라는 것이다. 즉, 브랜드가 목표수용자의 마음속에 위치 잡는 것이 포지셔닝이다. 포지셔닝은 과잉 커뮤니케이션 광고환경에서 어떻게 하면 소비자들로 하여금 메시지를 듣도록 만드느냐 하는 생각들을 구체화 작업이다.

포지셔닝은 1972년 미국 광고전문지인 《Advertising》에 알 라이스와 잭 트라우트(Al Rice & Jack Trout)가 포지셔닝 시대라는 논문을 발표하면서 시작되었다. 포지셔닝 전략의 이론적 기초는 하버드대학의 심리학자인 밀러(G.A.Miller)가 주장한 매직 세븐(magic seven)이다. 매직 세븐이란 인간의 두뇌는 한 번에 7개 이상의 단위를 취급할 수 없다는 실험근거에 두었다. 소비자가 제품을 구매할 경우에 각자 브랜드의 사닥다리를 7개 정도 기억해낸다고 한다. 이 사닥다리에서 제일 위에 있는 브랜드는 소비자의 구매와 직접적인 관계를 가지게 된다.

포지셔닝 전략의 기본은 인간의 머릿속에 잠재하고 있는 특정 브랜드에 대한 사닥다리의 위치를 첫 번째에 점유하도록 하면 광고는 성공했다고 볼 수 있다. 포지셔닝 전략은 소비자의 마음속 사닥다리의 위치에 따라 선두주자를 위한 포지셔닝 전략, 추격자의 포지셔닝, 경쟁자의 포지셔닝 전략으로 구분하여 설명할 수 있다.

① 선두주자의 포지셔닝

시장에서 선두를 차지하고 있는 브랜드는 1등이라고 자신을 소리칠 필요가 없다. 소비자들이 이상하게 여기고 불안한 시각으로 보게될 것이다. 대신에 소비자의 마음속에 있는 다른 브랜드 전체에 대한 광고를 하는 편이 좋다. 이미 소비자들이 1등인 브랜드는 잘 알고 있어서 굳이 광고에서 1등이라고 할 필요가 없기 때문이다. 중요한 것은 1등이라는 브랜드가 소비자로부터 신뢰를 얻으려면 소비자의 용어로 정리해야 한다. 1등 브랜드로서 포지션을 확보하는 데는 우선 반복해서 소비자의 마음속에 제일 먼저 우리 브랜드의 포지션을 알게 하는 것이다. 그 다음 그 포지션에 해당하는 컨셉트를 지속적으로 유지 및 강화해야 한다. 최초의 컨셉트는 목표 소비자들이 인정한 내용이어야 한다. 그리고 나서는 추격 브랜드에 대항해서 모든 경우를 준비해야 한다. 추격 브랜드의 모든 활동을 모니터링해야 하고 필요하면 조치를 취해야 한다.

② 추격자의 포지셔닝

선두 브랜드는 대개 추격자의 활동에 적절히 대응하는 것으로 수비를 잘 할 수 있다. 그러나 추격자들은 대응전략(covering strategy)만으로는 선두주자와 같이 마케팅 현장에서 우위를 점할 수 없다. 경우에 따라서는 선두브랜드가 선두의 위치를 제대로 구축하지 못하고 있을 때 모방(me-too)반응이 추격자에게도 효과적으로 사용될 수 있다. 이 경우 선두브랜드가 선두를 구축하기 전에 신속히 활동을 전개해야 한다.

주의할 점은 공격적 광고이기 때문에 예산 규모에서 선두를 압도해야 하며 브랜드 명이 소비자에게 먹혀야 하고 판촉활동이 적극적으로 지원해줘야 한다.

추격 브랜드는 선두 브랜드가 놓치고 있는 점이 무엇이며 그것이 소비자들에게 중요한 것인지 알아보아야 한다. 즉 빈틈을 신속하게 공략해야 한다는 말이다.

선두 브랜드가 가격을 놓치고 있는데 소비자들이 가격을 매우 중요시 한다면 가격으로 포지셔닝할 기회를 살려야 한다. 즉 선두 브랜드의 빈틈과 소비자의 요구가 일치하는 점을 주도면밀하게 찾아 적극적으로 공략하라는 말이다.

대개의 경우 선두 모방은 거의 필패이다.

③ 경쟁자의 재포지셔닝

재포지셔닝의 핵심적 요소는 기존의 컨셉트, 제품, 인물 등 소비자의 심리에 차지하고 있는 경쟁브랜드의 현재 근거를 모두 지워버리는 것이다. 이때 가장 중요한 전략은 대립과 투쟁이다. 경쟁제품에 대한 강력한 대립과 투쟁을 통하여 소비자의 기존사고를 혼동시켜 소비자 자신이 새로운 사고를 가지도록 유도하는 것이다.

동일 제품 영역에서 경쟁브랜드들이 우위적 위치를 차지하기 어려울 것이다. 이 경우 소비자의 마음속에 포지션을 구축하고 있는 경쟁브랜드를 재포지셔닝 함으로써 자신만의 위치를 창조할 수 있다. 즉 새로운 아이디어나 브랜드의 포지션을 소비자의 마음속에 불어넣기 위해서는 기존의 소비자 마음속에 자리 잡고 있는 것들을 지워버려야 한다.

재포지셔닝의 핵심은 기존의 컨셉트나 제품, 인물 등을 제거해버리는 것이다. 타이레놀은 아스피린과 같은 강자와 대결하여 놀라운 성과를 이루었다. "아스피린을 복용해서는 안 될 수백만 인을 위해서"라고 광고를 시작해 카피의 서두부터 상당한 부분이 광고주 제품에 대한 언급 없이 계속되었다. 효율적인 재포지셔닝 전략을 위해서는, 경쟁사의 제품에 대한 언급을 통해 소구 대상으로 하여 경쟁사 제품에 대해 갖고 있는 생각을 바꾸도록 유도해야 한다. 자사 제품이 아닌 경쟁사 제품에 대한 소비자의 생각을 바꾸어야 한다는 점을 명심해야 한다. 정치인이든 상업제품 브랜드이든 한 가지 공통적인 법칙은 '한 번의 패자는 영원한 패자'라는 점이다. 그 브랜드를 재기시키려고 하는 것보다는 새로운 브랜드로 새로운 게임을 시작하는 게 훨씬 더 바람직하다.

성공적인 재포지셔닝은 모방 광고를 부추기는 기폭제 역할을 한다. "경쟁브랜드보다는 우리가 우수하다"고 하는 것은 재포지셔닝이 아니며 그것은 비교 광고이며 결코 효과적이지도 않다. 특정 브랜드의 포지션을 구축하기 위해서는 종종 제품을 언급해야 할 뿐만 아니라, 이전 광고에 적용해 오던 모든 법칙들을 과감히 제거해야 할 것이다.

◎ 다른 형태의 포지셔닝 전략 적용

① 시장에서 확인된 마케팅적 서열에 의한 포지셔닝

보기 : 미국에서 자동차 렌트카 업체 중 "AVIS"라는 회사는 브랜드 인지도, 선호도, 시장 점유율 등 거의 모든 조사에서 2위였다. 광고 컨셉트를 "2위" 설정하였다.

그리고 핵심 카피는 " We are No. 2. We work harder."였다.

② 소비자의 사용방법이나 경쟁브랜드와 비교한 포지셔닝 컨셉 설정

보기 : 미국 콜라 시장에서 대결구도는 코카콜라와 펩시이다. 펩시는 강자인 코카콜라와 경쟁하기 위해 회사에서 다양한 브랜드를 출시하기도 했지만 코카콜라가 콜라 대명사로 포지셔닝되어 있는 소비자의 위치를 바꾸기 위해 "Uncola"라는 컨셉트를 설정하였다.

③ 사회적 위치에 근거한 포지셔닝

보기 : 국내 건강 관련 제품 생산업체로 뿌리가 깊은 유한 회사는 기업이 생산하는 제품에 원재료로 많이 쓰는 펄프가 나무 즉 자연에 의존하기 때문에 "자연보호, 혹은 자연친화적 기업"을 컨셉트로 설정하고 "우리 강산 푸르게 푸르게"라는 핵심 카피를 내놓았다.

4) Creative 전술 구상

TV 시청자나 라디오 청취자의 마음은 복잡한 기계 부품과 같아서 판매(SALES) 메시지에 주의를 기울이거나 그 메시지에 열중하게 되면 곧 끌려가게 되는 것이다. 그러나, 어떤 일정 시간에 수용자가 당신이 만든 광고를 보거나 들을 준비가 돼 있거나 기꺼이 받아들이려고 한다는 가정을 해볼 아무런 근거가 없다. 예상 소비자의 마음은 당신의 제품과는 아무런 상관이 없이 걱정, 요구 혹은 관심 등으로 산란하기만 하다. 그 소비자는 너무 강하게 생각하고 계획하고 하루 일정을 잡고, 문제-해결에 신경 쓰고 과거를 회상하는 일에 집착한 나머지 물건을 팔려고 하는 아이디어가 그의 의식 속으로 뚫고 들어갈 수가 없다. 아니면 당신이 만든 3초짜리로 시선을 끌거나, 주의를 모으고, 수용하라고 하는 요구를 받아들이려 하지 않는다. 왜냐하면 소비자가 배고프기라도 하고 지루해하건, 좋아하는 프로그램이 빨리 시작했으면 하고 성미 급하게 굴기 때문이다.

그러나, 이런 장애요소가 있더라도 당신이 만든 광고는 광고역할을 담당해내야 한다. 그리고 그 광고는 예상고객의 관심을 사로잡을 뿐 아니라, 그 고객의 마음에 판매 메시지를 심어주어야 하고, 확신을 심어주어야 하고 그래서 구매하도록 다그쳐야 한다.

분명히, 이런 목표들은 당신의 커뮤니케이션이 자극을 주고 사리에 맞게 규칙성 있게 제시될 때만 달성될 수 있다. 일관성 있게 배열이 되고 전개가 논리적으로 분명하게 전달된 아이디어는 서로 앞뒤가 맞지 않고 무질서하게 전개되고 주의만 끄는 스타일이나 눈에 거슬리는 기술을 쓴 아이디어보다 이해하기도 쉽고 받아들이기도 쉽고 결국 기억하기 쉽다.

(1) 주요 아이디어

마치 보통의 판단으로 한꺼번에 너무 무거운 것을 들거나 너무 많은 것을 들고 다녀서는 안된다고 하는 것처럼, 당신의 광고에다 너무 많은 판매내용(SELLING FACTS)과 지나치게 다양한 스타일이나 기술을 쓰지 않도록 주의해야 한다. 만약에 광고에서 너무 많은 아이디어를 쓰게 되면 말과 그림이 무작위적으로, 그리고 비효과적으로 나타나게 된다. 그런 광고가 전체 광고에서 85퍼센트에 해당한다고 WILLIAM BERNBACH가 말하고 이런 것들을 완전하게 수용자에게 알려지지도 않는다.

우수한 조사기관인 GALLUP과 ROBINSON의 연구에 의하면 단순한 메시지를 분명한 형태로 전달해 주는 것이 중요하다고 한다. 이들 조사기관의 광고효과 조사결과를 보면 수용자의 회상도는 여러 가지 아이디어가 TV나 라디오 광고 메시지에 뒤섞여 있게 되면 줄어들게 된다고 한다. 광고를 단 하나의 것으로 만들어라. 거기에다 확실한 구조를 만들도록 해라. 아마 방송국의 10초 고지시간(또는 I.D - 사실 정확한 명칭은 billboard임)에는 꼭 하나의 판매 아이디어를 전해 주어야 하는 것은 분명하다. 겨우 8초라는 오디오의 재량시간으로 근본 주지사항이나 판매 아이디어와 제품이나 회사이름 소개에 써야 한다. 20초, 30초, 1분, 2분 정도의 광고를 만들게 될 때는 보다 오락적인 측면과 보다 많은 아이디어를 포함시킬 수 있게 될 것이다. 그러나 심지어 더 긴 광고에서도 판매 아이디어가 예상고객들을 움직일 수 있는 주요 내용이다.

사실 판매 아이디어를 **훌륭히** 점검해 본다는 것은 **짧은** 광고시간을 효과적으로 이용하도록 하는 것이다. 몇몇 현명한 광고주는 I.D에 쓰는 요소들을 더 긴 광고에도 사용한다. 광고실례를 자세히 조사해 보면 광고계에서 현재 최고 크리에이터 중의 몇몇은 주된 아이디어를 찾아내어 그것을 지원하고 더러는 그것을 다시 말해주기도 한다는 것을 알 수 있다. 화면이 천천히 열리는 것에서부터 마지막에 끝날 때까지, 우수광고에서는 근본 판매제안이 신중히 선택된 형태와 간결하다고 느껴지는 구조에 맞추어 점진적으로 전개된다.

(2) 구성(FORMAT)

이 책에서 "구성(FORMAT)"이라고 하는 것은 광고의 주요 TYPE을 두고 이르는 말이다. "구조(STRUCTURE)"라는 말은 순간 연속성이나 배열을 뜻할 때 쓰인다. 구성 중에 몇 가지는 - 문제-해결방식, 해설, 생활단면, 그리고 실제시범(DEMONSTRASTION) - 나름대로 독특한 구조가 있다. 먼저 문제점을 가지고 시작해서 그것을 해결해 주는 것으로 끝을 내보라. 이야기 형태로 전해주려 할 때는 시작, 중간, 마지막 부분을 정해서 전개하라. 제품내용이나 소비자 편익에 관계되는 것은 극적인 구성으로 그 내용을 전개해 보라. 아니면 제품 사용과정을 단계별로 보여주도록 해보라. 방법을 다양하게 해서 구성해보면 여러 다양한 형태를 만들어낼 수 있다. 어떤 구성이든 아무 STYLE로 구성이 될 수 있고, 어떤 기술로도 보조를 받아 구성될 수 있다.

어 구성을 사용해야 하나? 그 결정은 다음 몇 가지 항목에 따라 정해 진다 : 제품이나 서비스, 시장, 수용자, 제작예산, 예상하는 광고 노출횟수, 경쟁상황 등 어떤 구성이 어느 특정 제품에는 더 잘 맞을 수도 있고 다른 제품에는 전혀 어울리지 않을 수가 있다.

- 물세탁용 세제, 고급의류용 세탁이 아님. 특이한 분위기가 만들어지는 해설식 구성은 감각에 소구하는 제품에 적합하다.
- 화장품 같은 것, 철물 제품이 아니다. 실제시범(DEMONSTRATION)을 보이는 것은 제품이점에 묘사되는 것보다 실제로 그 이점을 실행해서 보여줄 수 있을 때 효과적이다.
- 부엌용 작은 공구 같은 것. 오렌지 주스, 비누, 고양이 식품처럼 소비자 패키지 상품은 이 대상에서 제외된다.

광고를 구성(FORMAT)에 따라 분류하는 데 따르는 위험은 크리에이티비티(CREATIVITY)를 규정화하여 실험정신을 제한하는 것이다. 한정적이거나 방법 전부를 뜻하는 건 아니다. 그래서 이런 주장이 필요하다 : 아래 설명한 것이 (FORMAT) 더 나아가, 광고를 분석하기 시작해 보면, 많은 광고들이 한 가지 구성을 사용했음을 알 게 될 것이다. 예를 들어, 근본은 문제-해결 구성인 광고가 환상적인 상황으로 설정하여 제품에 관한 것을 간략히 실제 시범으로 보여줄 수도 있다. 대부분의 형태가 서로 배타적인 것은 아니다. 그러나, 일반적으로 한 가지 구성이 전체를 유도해 나가기 마련이다. : 다른 요소는 부가적 - 종속적 - 요소로 처리될 수 있다.

① 문제-해결방식(PROBLEM-SOLUTON)

문제-해결 구성은 일반적으로 이야기하는 분류로 이해되어 있다. 구조적으로 문제가 먼저 나와야 하고, 그 다음에 해결책이 제시되어야 한다. 그리고 그 두 가지가 극적으로 엮어져야 한다. 문제는 중요한 것으로 느껴져야 하고 그래서 중심 배우가 부정적인 반응을 자극시켜야 한다 - 걱정, 두려움, 불편, 또는 불만족 제품이 소개될 때는 단순히 보여주든가, 간략히 기능을 보여주든지, 문제를 해결하여 결국 안심, 기쁨, 만족을 얻게 해 주어야 한다.

문제-해결 구성과 생활단면 구성은 다음과 같은 점에서 다르다.

ⅰ) 문제-해결 구성은 구체적인 문제에 초점을 둔다 : Y-셔츠 목의 때, 마루바닥에 쏟은 액체, 레귤러 커피의 과다한 카페인

ⅱ) 그 해결책은 나타내는 구체적인 제품내용 : 보다 더 깨끗하게 하는 힘, 보다 빠른 흡수 더 적은 카페인, 그리고

ⅲ) 소비자 편익을 구체적으로 : 더 이상 당황케 않는다든가, 힘이 덜 들고 싼 가격, 카페인으로 인해 신경자극이 없는 점.

문제-해결 구성에 적합한 제품은 실제로 무언가 해낼 수 있는 것들이다(가정해 봐도 더 잘 해낼 수 있다). - 세탁세제, 집안청소기, 치약, 악취제거제, 그리고 두통치료제. 구성에서 달리 취급되어야 하는 것으로 문제 해결사로 특정 지을 수 있는 것 - 보다 길이가 긴 화장지 콜드크림의 양이 많이 들어있는 비누, 또는 저콜레스테롤의 마가린, 그런 제품의 경우, 설정된 내용은 대개 숫자로 표시할 수 있는 것이다. - 50장이나 더 많이, 25% MOISTURIZING 크림, 순식물성 오일. 문제-해결 구성은 광고에서 배우가 수용자에게 직접 말하는 것처럼 하고, 아나운서의 목소리만으로 제품을 소개할 수도 있고, 특수효과 장치를 이용하여 제품의 소개나 실제 시범 상황을 향상시킬 수 있다는 점에서 이야기 구성과는 다르다. 특별한 분위기나 느낌을 유지하기 위해서는 거의 시도하지 않는다. 그래서, 주 내용이 결정되면 - 즉, 문제가 분명해지거나 해결이 되면 - 판매 메시지는 "딱딱하지"만 익살스런 처리로 부드럽게 처리될 수 있다. 문제 해결 형태의 구성이 아주 넓게 쓰여지고 있기 때문에 케케묵은 것이나, 다른 광고와 비교해서 같은 모양으로 나타나지 않도록 주의 깊게 진행이 되어야 한다.

② 생활단면(SLICE OF LFIE)

생활단면 구성은 시작, 중간, 결론으로 구성해서 전개시킬 수 있는 것이다. 그러나, 내용의 중심은 제품에서, 그 제품을 만드는 사람에 대

해서, 그 물건을 판매하는 사람에 대해서, 서비스를 제공하는 사람에 대해서 찾아낸 새로운 상황이지 문제와 해결에 관한 것이 아니다.

이 구성은 제품의 내용이 세부적이기보다는 일반적이고, 구체적이기보다는 추상적 제품에 적합하다. 신뢰성, 훌륭한 서비스나 우수한 품질, 사실 생활단면 구성에서 '문제'는 감각적으로 느끼느냐의 문제이고 "해결"은 대개 상당히 주관적인 판단에 맡긴다.

광고는 배우를 등장시켜 맛이 더 좋고 느낌이 더 부드럽고 모양이 더 매력적이라고 제품에 대한 욕망을 나타낸다. 그러나, 욕망을 분명하게 꼬집어 나태내줄 필요는 없다.

생활단면 구성은 이렇게 바람이 나타났든지 안 나타났든지, 친구, 친척, 이웃이나 우연히 한번 써 보게 됨으로써 시작하여 충족된다는 점을 보여주어야 한다.

이런 종류의 광고에서 강조해야 할 점은 소비자 편익보다는 제품의 내용이 일반적이다. 같은 부류의 다른 회사의 제품도 비슷한 내용을 갖고 있더라도 유사상품 - 화장지, 음식, 비누 - 으로서 시장에서 주체성이나 특이한 위치를 부여할 수 있기 때문이다. 그래서, 광고는 판매 소구점(SELLING POINT)이 다소 애매하게 된다 : "물을 짜낼 수 있음(SQUEEZABILITY)"이라고 한 CHARMING 화장지, "산에서 얻어낸" 향기라고 한 FOLGER 커피, 부드럽다고 하는 식기 세척용 액체비누, 버터 같은 맛을 지닌 PARKAY 마가린, 거기에다 제품 내용이 직설적으로 표현되지 않고 암시적으로 나타난다. 예를 들면, STROH 맥주 광고에서는 무대 위에서 주인이 지시한 대로 따라하는 개가, 냉장고에서 맥주병을 끄집어 내어 맥주를 맛있게 핥아먹는 소리로 "맛이 좋다"라는 내용을 드라마 처리로 만들어 보이기도 했다. 맥주가 너무 맛이 좋아서 개마저 그 맥주를 못 본 체할 수 없다는 사실을 시청자가 찾아내도록 해야 한다.

생활단면 구성에서 위험요소는 내용이 애매하게 나타나거나 직설적으로 표현되지 않기 때문에 자칫 주요 내용이 소실되어 버릴 수 있다. 이런 이유로 해서 전체 구성이 단순하고 명확해야 한다. 그 이야기 전개에서 각 단계는 앞서 진행된 내용과 연관성이 이어져야 한다. 관심이 점점 더 증대되어야 하고 마지막에 심어 줄 것은 놀라게 하는 것이어야 한다. 부가해서, 제품의 맛, 느낌, 외양이 독특한 내용물이나 시각적으로 놀라게 할 만한 것이 제품, 제품의 특징이나 편익과 연관지어 주어야 한다.

심리학자에 의하면 학습의 주요이론으로서 "보상"이 "비보상"보다 훨씬 더 기억하게 하는 역할이 크다고 한다. 그래서, 내용전개를 곧장 소비자 관심사항에 연결시키고 제품의 이점을 찾은 소비자는 보상을 받게 된다는 점을 분명히 해라 : 고용주의 인정, 배우자에게서 감사말, 친구에게서 칭찬.

③ 이야기 구성(NARRATIVE)

이 구성은 단어 자체의 의미 그대로이다. 이야기 구성의 광고는 이야기를 전해준다. 그러나 생활단면 구성과는 달리 아주 개인적이고, 감정적으로 강하고, 깊숙이 내용에 빠져들게 하는 상황설정을 시도하게 된다. 분위기를 찾아내는 과정에서 이야기(또는 이야기 줄거리) 광고는 제품 특성은 완전히 무시하고 소비자 이익에 전적으로 초점을 둔다. 사실, 그 이익이라는 것이 제품과 단지 간접적으로 연관성이 있을 수 있다.

대우 냉장고의 연속 드라마 형태의 것이라든가 지역 건설업체인 우방주택의 "사랑으로 사는 집" 등이 그 예이다. 이들은 가족의 정, 사랑을 간접적으로 제품과 연관시키고 있다.

경동 보일러의 며느리편 "여보, 아버님 댁에 보일러 놔드려야겠어요."로 끝을 맺으면서 이 광고 캠페인은 시부모를 향한 "孝"를 제품과 잘 접목시켰다. 제품 자체에 대해선 한마디 없다. 그저 며느리가 시부모들의 추운 겨우살이를 걱정하는 인간적인 정서만 강조했다.

이야기구성의 광고가 문제를 다루어야 할 경우가 있는데, 친구나 친척에게서 인사카드 한 장 받고 나서 우울한 날이 기분 좋아진다는 카드광고가 그 예이다. 그러나, 가끔 그런 문제는 감정적으로 다루게 된다 - 좌절, 외로움, 실망 - 부드럽게 해결하는 방법은 웃음, 악수 또는 등을 툭툭 치는 것으로 진행될 수 있는 것으로 제품의 특성이나 소비자 이익을 대개 문제-해결 구성에서 끝 부분에 제시하는 형태는 피하는 게 좋다. 예를 들면, 광고상을 받은 코카콜라 광고에서 한 젊은 축구팬이 유명 축구선수에게 사인을 요구했다가 거절당하고 나서 선수에게 코카콜라를 주었더니 씨-익 웃고 나서는 자기 T-셔츠를 벗어 그 팬에게 주게 된다. 특성(맛과 갈증 해소시키는 것)뿐 아니라 이익(만족감과 청량감)이 감각적으로 느껴서 알아보기에 다소 애매한 것으로 밀려났으나 훨씬 더 강한 감사와 인간예절의 깊은 맛을 전해 주고 있다.

이야기 구성은 전적으로 분위기에 의존하고 있기 때문에 어떤 것이든 광고는 감정을 불러일으켜 의도한 느낌을 잘 유지해 주어야 한다. 이런 형태의 광고는 처음과 끝을 때묻지 않는 것으로 구성해야 한다. 결론 부분에서 제품을 확인해 주는 해설이나 음악(JINGLE)이 제품의 이름을 흐리게 해서는 안 된다. 생활단면 구성의 광고와는 다르게 대화가 거의 요구되지 않고, 행동을 강조하고, 등장 배우가 수용자로 하여금 자기확인을 하게 해야 하고, 연민의 감정을 불러일으켜 깊이 빠져들게 해야 한다.

④ 실제시범(DEMONSTRATION)

TV는 다른 대중매체가 해낼 수 없는 독특한 기회를 부여한다 : 제품의 기능을 실제로 증명해 보이는 것. 아주 초창기부터 TV 광고는 이런 기회를 잘 이용해 왔다. 주로 기계적 작동이나 그 결과를 소비자 이익 중심으로 다루어 주는 것으로 구성된다. 효과적 시범은 주의를 끌어, 제품의 능력과 우수성을 증명하게 되고, 시청자를 설득시켜 사도록 한다. 물론, 수용자의 관여도 측면에서는 아주 높다. 사실, 구매에 대한 저항감을 없애주는 데는 달리 좋은 방법이 없다. 모든 연구 결과가 이점을 뒷받침해 준다. 예상 소비자에게 제품이 어떠한 기능을 발휘하는 점을 실제로 보여주는 것보다 더 빨리, 보다 구속력있게 제품을 팔 수 있는 방법은 없다. 실제시범은 제품이 다른 것들과 완전히 다르고 그 다른 점이 제품의 기능성이고, 제품의 모양이나, 맛이나, 느낌이 아닐 때 특히 적합한 방법이다. 만약에 제품의 작동상황이 가장 강력한 판매소구점(SELLING POINT)일 경우에는 실제로 움직이는 것을 보여줄 수 있다. 아니면 판매 메시지가 응용편이라면 제품의 기능을 다양하게 응용해서 보여줄 수도 있다.

그러나, 실제시범을 보여주는 방법이 손으로 간편하게 쓰는 진공청소기, 충격에 강한 손목시계, 그리고 고속복사기 같은 아주 뛰어난 기능을 발휘하는 기술적은 우수성에만 제한되는 것은 아니다. 진한 케찹, 기름기 적은 감자튀김, 주방용 기구의 내구성같이 일상적인 제품 가운데 특이한 제품 내용을 실제로 보여주는 경우에도 사용할 수 있다.

이런 구성을 쓸 경우 필수사항은 제품특성이나 편익이 설명되는 것보다 실제로 보여주거나 아니면 페인트, 잔디 씨앗, 전자오븐, 케이크 믹서 같은 제품의 작동 방법을 설명해 준다는 것 – 제품 내용물, 구조, 디자인에 근거해서 – 이 실제로 제품의 기능을 시범 보이는 것은 아니다.

조심해야 될 항목이 하나 있다. 실제시범을 보여주고 싶다면, 제품 기능에 관한 주장이 진실하고, 실제 시범 보이는 것만으로 믿을 만하다는 점을 확신시킬 수 있어야 한다.

⑤ 제품 단독(PRODUCT ALONE)

제품 자체만 보여주게 될 경우는 제작하기가 쉬워서 비교적 적은 비용으로 광고를 만들 수 있다. 시청자로 하여금 그 제품을 보도록 해야 하는 반면, 가정컨대, 제품이 아름답고, 새롭고 뭔가 다르기 때문에 – 아나운서의 목소리로 그 제품이 무엇이며, 내용물은 어떻고, 어떤 기능을 한다는 것을 설명해 주게 된다. 그러나, 기껏 30초 정도만 시각적으로 주의를 유지할 수 있기 때문에 광고주들이 종종 카메라나 컴퓨터를 이용해서 관심을 더 지속시키려고 속임수를 쓰기도 한다. TV 초창기, 지속 촬영이나 컴퓨터를 이용하여 제작을 하기 이전에는 원래 제품보다 훨씬 크게 해서 사람이 그 제품 속으로 들어가는 식의 내용을 만들기도 했다. 제품과 광고내용의 연결은 희박했지만 그 광고가 제품 자체만으로 일상적인 형태를 벗어났기 때문에 상당한 주목을 가졌었다.

이런 제품 단독 구성은 신제품 모양이나 포장이 바뀐 제품이나 시각적으로 재미있는 제품으로서 어떤 고유의 드라마적 요소가 있는 제품에 곧잘 쓰인다. CONTACT 감기약이 처음 소개될 때, TV 광고에서는 시간이라는 작은 알갱이가 그 감기약의 캡슐에서 빠져 나오는 것을 느린 동작과 CLOSE-UP을 보여주었다. 한국 도자기는 제품의 우아함과 세련됨으로 고급성을 나타내기 위해 접시나 잔 같은 제품을 여러 각도와 제품연출로만 구성되어 있다. 피자헛의 피자도 여러 조각의 피자가 먹으려는 사람들의 손과 어우러졌지만 여러 조각 중 한 조각이 남았을 때 서로 먹으려는 형태로 구성하여 제품 이외에는 아무 것도 없다.

제품이나 포장이 바뀌어 설명을 해야 할 경우, 아나운서의 목소리로 제품을 상세히 묘사해 줄 수 있다. 또 다른 방법으로 시각적 소구가 강조되어야 할 경우 광고는 주제가 되는 내용으로 처음과 끝 부분에 쓰고 말은 강한 VISUAL로 하게 해야 한다. 예를 들면, 피자헛은 식욕돋구는 유혹물로 먹고 싶은 시청자가 얼마나 버티어 내는지를 마지막 남은 피자 조각을 서로 먹으려는 화면으로 끝을 맺고 있다.

TABLE-TOP 광고(제품이 부엌 식탁 위에서 보여지는 경우)는 시리얼(CEREAL) 광고에서처럼 적은 양의 카피로 종결짓든가 조리법을 설명하는 음식 광고에서처럼 많은 양의 카피로 끝을 낼 수도 있다.

라디오가 제품 단독구성으로 쓰여지기에는 어색한 것 같지만, 제품의 수용도가 귀로 듣는 것이라면 가능한 매체이다 : 녹음기, 레코드, 테이프, 음악회나 스테레오 기기. 그러나 라디오는 맥주 따르는 소리, 차 엔진이 돌아가는 소리, 음료수가 소리 내며 나오는 소리를 전하는 데도 쓰여질 수 있다. 제품의 소리를 쉽게 알아들을 수 있으면 라디오를 써도 무방하다. 사실, 어떤 독특한 소리로 특정 지어진 제품은 라디오를 이용해서 충분히 제품 단독 구성으로 해볼 수 있는 것들이다.

제품 단독 구성에서 그 다음으로 쓸 수 있는 것이 "유사" 형태로서 제품이나 제품사용을 유사하게 하거나 상징적으로 제시하는 구성이다. "유사"라는 말은 둘 중에서 서로 닮은 관계를 의미한다. "닮았다"는 것은 둘 이상의 것 그 자체가 아니라 둘 이상의 속성, 환경, 아니면 효과 등을 말한다. 비슷한 광고에서 제품에 관계되는 질이나 속성을 이용할 수 있다. 황소는 투자회사에서 상승하는 주가와 술의 힘을 상징한다. POSE 포도주를 마신다는 것은 포르투갈로 여행하는 것으로 비유되었다. 차의 속도와 매끄러움은 경기용 말과 곧잘 비유되곤 한다. 시청자가 연결고리를 찾으려면 유사형태의 메시지는 분명하고 주제와 관련성이 있어야 한다. 수용자들은 복잡한 비유를 이해하기 위해 애쓰려 하지 않는데 그래서, 유사형태 기법은 간단하고 논리적이어야 할 뿐아니라 감정적으로 수용할 수 있어야 한다.

⑥ 대변자(SPOKESMAN)

아나운서가 카메라에 등장해서 제품에 대해 직접 TV 시청자와 말하는 것은 TV 초기부터 이용하던 기법이다. 가장 간단한 구성으로 아나운서와 제품이 움직이는 사진으로 설명되는 직설적인 라디오식 해설이 그것이다. 이 방식이 가끔 실제시범 형태를 통해서 생기가 나긴 해도, 근본적으로는 말하는 것으로서 빨리하거나 끈질기게 할 수도 있고, 개인적으로 친숙하게 할 수도 있다.

대변인과 수용자 사이에서 직접 대화하는 구성은 가치 있고 일반적으로 경제적인 방법이다. 메시지는 직설적이고 간단해야 한다 : 시청자나 청취자가 제품에 관한 것은 배우게 되거나 왜 그 제품을 사야 하는지를 찾아내는 데 방해되는 요소는 거의 없다. 대변인은 제품특성이나 소비자 편익을 주로 얘기하게 된다. 아니면, 문제-해결 구조로 제품을 제시해 볼 수도 있다.

광고구성의 구조는 어떠하든, 이런 구성의 광고는 그 이면에 대변인의 개성이라는 마력이 존재한다. NETWORK의 많은 효과적인 광고가 "이름" 있는 아나운서를 기용한다. 이계진, 황인용 씨 등은 제품에 대한 진실함과 개인적 확신을 나타내는 자신의 능력이 인정되어 자기경력을 쌓게 되었다. 이점이 대변인을 기용해서 판매 소구점을 강하게 하는 요소이다.

대변인은 광고주를 대신하는 판매원일 수도 있고, 회사 사장, 아니면 배우나 운동선수일 수도 있다. LEE IACOCA, 크라이슬러 회사의 사장이 자기 회사 광고에서 효과적인 대변인이 되었었다. 대우전자의 사장, 중소기업인 귀뚜라미 보일러의 사장이 직접 모델로 등장한 것이 그 예이다. 항공회사와 자동차회사는 다양하게 실제 고용인을 기용해서 자기네 제품이나 서비스의 장점을 얘기하는 광고를 내보내기도 한다.

대변인은 전문가일 수도 있다. - 즉, 영양사, 차 정비사 - 아니면 그 역에 맞는 남, 여배우, 잘 알려진 영화배우, 우주비행사, 직업운동선수가 될 수도 있다. 그러나, 이때 제품과 대변인이 아주 잘 맞아 떨어져야 한다. 자동차나 철물제품을 끈질기게 늘어놓는 야한 영화배우보다는 제품으로 쉽게 알아볼 수 있는 유명인사가 보다 더 고객처럼 보이고, 아니면 권위있는 인물로 여겨지게 된다.

개성파 대변인은 제품에 대해 특별히 언급된 역할을 담당하는 배우이다. 이렇게 변형시키는 것은 연기자에게 맡기게 되는 것으로(가끔 코미디언이나 코믹배우), 연기자가 독특한 연기로써 주의와 관심을 끌 수 있어아 한다. - 독특한 목소리, 이야기투, 아니면 외모.

⑦ 증언(TESTIMONIAL)

입으로 말하는 광고는 제품에 대해 주의를 끌어내는 데 가장 효과적인 방법 중에 하나이다. 대변인 구성에서처럼, 증언자가 직접 수용자에게 말하게 된다. 그러나, 이 경우는 제품에 대해서 말하지 않고 제품 사용 경험을 전해준다.

"증언"은 유명인사나 무명인사가 전해줄 수 있다. 유명인사를 쓰게 되면 광고에 특별한 소구력을 더해준다. 그리고, 광고가 전체적으로 정보를 주려 하거나, 오락성이 있거나, 편익을 약속하는 구성일 경우 예비비용까지 들어가야 할 것이다. 그러나, 제품과 증언자가 잘 맞아 주어야 한다. 시청자와 청취자는 그 유명인사가 실제 그 제품을 사용했고 그래서 정말로 그 제품에 대한 느낌을 나타낸다고 믿어져야 한다. 증언/실제시범 구성에서, 미국 농구선수 찰스 바클리가 현대차 애용자로서 몸집이 커도 현대 소나타 안에 들어가고 나가는 모습을 보여주면서 차 천장에 머리가 부딪히지 않고 운전대에 무릎이 닿지도 않으면서 소나타가 차내 공간이 좁지 않다는 것을 대형 농구선수를 등장시켜 실제로 보여준 광고가 있었다.

반면에 무명인사는 제품을 추천할 때 대금을 받고 제품을 소개한다는 의심을 덜 받게 될 수도 있다. 더구나, 수용자는 종종 동료들이 추천하는 것에 호감을 나타내게 되기도 한다. 가게에서, 가정에서, 차고에서 보통의 소비자가 세제, 카펫 청소기 아니면 오일 필터를 소개하게 되면 신뢰성을 키울 수 있다.

1982년, 진통제 타이레놀(TYLENOL) 몇 병이 STRYCHNINC이라는 독약 처리되었다는 소식이 알려지게 되자, 전국 약국과 슈퍼마켓 선반에서 철수되었고, 회사는 책임감 있어 보이는 아내와 PR에 근거한 캠페인 주체를 (신뢰)설득력 있게 강조하는 어머니들을 광고에 연속물로 등장시켰다. 수용자가 아는 한 이 여자들은 오랫동안 그 제품을 써오던 사람들이기 때문이다. 그리고, 그 여자들의 자연스러움, 진실성이 TYLENOL을 진통제 분야에서 선두자리로 재진입하는 데 크게 기여했다.

증언은 이야기식이나, 생활단면, 문제-해결 구성으로 이루어져 제작될 수 있다. 카메라를 숨겨서 자연스러움을 포착하면 신빙성을 더해주게 된다. 인터뷰 형태로 진행시킬 수도 있다. 증언자가 자기 자신의 말로 할 경우에는 증인이 보다 그럴듯해서 더 설득적이다.

⑧ 뮤지컬(MUSICAL)

TV에서, 뮤지컬은 성악 부분과 악기연주 부분으로 구성되어 있는데, 단순히 노래하는 것이거나 아니면 노래와 춤을 동시에 포함할 수도 있다. 라디오에서는 그저 노래뿐이다. TV와 라디오 모두 음악은 사로잡는 힘과 경쾌함을 갖고 있어야 한다. 주목율을 높이고 즐거운 점이 있어야, 뮤지컬에서 내용은 제품 특성을 나타내게 된다. 우리나라 광고에서는 뮤지컬 형태의 광고는 거의 없다.

뮤지컬 구성에 특히 잘 맞는 제품은 없으나 레코드, 음악 비디오, 쇼, 음악회(고전 음악회든 록 음악회)같이 음악에 관련된 것은 예외일 수 있다. 이 형태는 특별한 기간에 화려하고 웅장한 내용으로 보여줄 필요가 있는 제품에는 특히 잘 어울린다. 그래서, 많은 제품소개, 재소개, 재위치잡기 등으로 노래 - 춤의 횟수를 신경 써서 설정해 왔다.

특별 촉진활용을 펴고 있는 제품에도 같은 원리가 적용된다. 경품권, 가격할인, 그리고 특별행사(특히 휴일축제). 그럼에도 불구하고 대량 소구가 요구되는 유사상품계열 즉, 음료수와 편의음식은 계속해서 뮤지컬 구성을 RC콜라는 이야기 형태의 비디오, 뮤지컬 구성의 음향 광고를 "ME AND MY RC"라는 주제 아래 연속물로 진행해 왔다. 코카콜라는 국제 어린이 보호단체로 하여금 일렬로 줄을 서서 "온 세계에 코크를 사주고 싶어"(I'D LIKE TO BUY THE WORLD A COKE)라는 노래를 부르는 광고를 만들었다. Dr.PEPPER - (음료수)는 주 가수겸 무용수와 관객을 그룹으로 동원하여 (마지막에 이들이 행동을 함) 젊은 소비자층을 상대로 "PEPPER 식구가 되십시오"(BE A PEPPER)라고 하는 광고를 만들었다.

광고용 노래(JINGLE)는 이런 뮤지컬을 축소화한 것으로 전체 구성에 맞추어 주는 역할이나 마지막 부분을 정리해주는 수단으로 이용되어야 한다. 그러나, 음악이 감성적으로 몰입케 하는 이야기 구성으로 극적인 순간을 높이게 하거나, 드라마화된 것의 분위기 고양을 위해 쓰이기도 한다. 이야기 구성에서 주인공들이 실제로 노랫말대로 행동하고 노래가 광고 전체를 통해 나갈 경우에 광고는 뮤지컬 구성인데, 음향(AUDIO) 부분이 비디오 내용을 결정해 주기 때문이다. 음악을 이용하여 (성악이든 기악이든) 이야기를 지원해 줄 경우, 광고는 비디오 내용으로 나타내주어야 한다.

(3) 요약

구성에 관한 마지막 경고 : 앞에서 언급한 구성들이 광고에서 표현에 관한 부분을 꽤 잘 다루어주고 있다. 그러나, TV에서 가장 일반적인 광고가 적절하게 묘사된 것은 아니다. 그것은 음악, 아나운서의 해설, 이야기를 말해주는 비디오 등의 연속적인 혼합물이다. 이야기 전체 형식이 일반적으로 VIGNETTE 연속물이라 하는데, 생활단면이나 문제-해결 구성의 범위에 속한다. 그런 광고의 어려운 점이 분류하기가 곤란하다는 것은 아니다. 그런 광고들이 너무 많은 요소를 포함하고 있어서 광고가 어수선하고, 자연히 해내야 할 것들이 많게 된다. 이 광고들이 모두가 주목을 높이려고 애쓰고 있으나 압도적인 것은 없다. 결과적으로 광고가 분명치 않고 비효과적인 경우가 많게 된다.

예상 시청자와 청취자들이 이해하기 쉽게 하라. 한가지 구성(FORMAT)이나 몇 가지 구성을 선정하라. 너무 많은 아이디어나 요소로 광고에

짐을 주어선 안 된다. 그러나, 분명하고 논리적으로 광고를 전개시켜라. 구성 자체가 물건을 강요하거나 판매하지 않는다는 점을 기억하라. 그러나, 판매 아이디어(SELLING IDEA)를 일정구성의 구조에 맞춰 전개시켜 나갈 때 너무 많은 것을 싣지 않도록 해라. 판매 메시지를 마음 중심에 두고 광고의 중심을 차지하게 해야 한다.

몇 시간 TV를 보거나 라디오를 볼 기회가 있을 때는 각 광고의 구성이 어떤 것인지를 식별해서 평가해 보라. 어느 것이 선정한 광고를 잘 정리해서 만든 광고인지 아닌지 분별하도록 하라. 기억이 잘되고 효과적인 광고는 강한 판매 아이디어로써 구성(FORMAT) 선정을 적절히 한 것이다.

(4) 구조, 스타일&기술

한가지 혹은 여러 가지로 혼합된 구성을 선택한 다음, 라디오와 TV광고에서 몇 가지 다른 사항을 결정해야 한다. 구성(FORMAT)은 단순히 커다란 구조물이고 그 안에서 내용을 발전 시켜나가게 된다. 판매 메시지를 효과 있게 전달하려면 구조(STRUCTURE : 구성(FORMAT)에 의해 결정되기도 함) 스타일, 기술 등의 요소를 더 결정해야 한다.

물론 의사결정과정을 다소 복잡하게 하려고 구성(FORMAT)을 먼저 선택할 필요가 없다. 광고 아이디어가 일격의 농담, 자극적인 인쇄물광고나 노래의 후렴으로 잘 살아나게 되기도 하는데 - 이 경우 스타일(유머), 테크닉(컴퓨터 그래픽)이나 뮤지컬 등의 아이디어로 멋진 시작을 할 수 있다. 중요 목적은 크리에이티브 과정에서 특정단계에서 출발하자는 것이 아니라 비교적 조직적이거나 정렬된 방식으로 형식, 구조, 스타일, 기술적인 것에 관련되는 사항을 모두 고려해 보자는 것이다.

① 구조(STRUCTURE)

어느 특정 구조에 맞춘 내용의 광고 - 관련 사항의 논리적 연결 - 는 수용자가 호의적인 반응을 하여 이윤을 내게 하는 기회를 만들게 한다. 여기에서 "구조"는 판매 메시지의 기본 뼈대이다. 연기에서의 연속성과 여러 부분의 통일성이 구조에서 이루어진다. 시청자와 청취자의 관심을 제한시키는 것이 아니라 사려 깊이 제안된 구조는 시청자로 하여금 광고의 논리성을 따라가게 하거나 광고의 흐름에 깊이 빠져들게 하거나 광고의 메시지를 기억하게 한다.

연속적인 연구차원에서 주요 TV광고주를 위해서는 이와 같은 사실은 중요하게 부각된다 : 강력하고 구조가 잘 정리된 광고는 계획이 없거나 적은 광고보다 훨씬 많은 실적을 가져오게 된다. 구조가 잘 짜여진 광고가 단지 기억이 잘 된다는 것은 아니다 : 구매결정에 영향을 주는 데 있어서 뛰어나다는 점도 포함이 된다.

언급한 것처럼, 어떤 구성은 나름대로 독특한 구조, 상황이나 사건 배열형식이 있다. 문제-해결 구성은 문제제시와 그에 따르는 해결책을 제시해야 한다. 생활단면 구성의 광고에서 주요 인물은 제품에 관해 모르는 상태에서 출발하여 제품을 한번 써보고, 제품을 알게 되고 제품에 대해 만족을 얻게 되는 상태를 보여주게 된다. 해설 구성법은 엄격하게 이야기 전개방식을 따른다. 그리고 실제시범 구성은 제품의 실제 단계별 작동과정을 반드시 보여주어야 한다.

다른 구성방식 - 제품 단독, 대변인, 증언, 그리고 뮤지컬 - 은 일반적으로 하나의 제품특징이나 한가지 소비자 편익에 강조점을 둔다. 몇 가지의 제품특징이나 소비자 편익이 다루어질 경우, 가장 중요한 것은 나중에 제시하는 형태가 바람직하다.

부가해서, 이들 구성방법 중에 어떤 것도 다른 구성방법으로 생각되는 구성을 택해서 쓸 수도 있다 : 문제 - 해결책, 무지 - 시도 - 인지, 이야기나 실제시범. 그러나, 제시자 - 대변인 - 증언자가 문제와 해결책을 토의해서 수용자가 해결점을 찾아내게 하고, 아니면 제품이용에 관한 이야기를 해준다. 뮤지컬 - 독특하게도 - 은 실제시범 구성을 포함해서 가수와 무용수나 만화인물로 처리될 수 있는 어떤 구조에도 적용시킬 수 있다.

ⅰ) 삽화(VIGNETTES)

표준구조 외에도 라디오나 TV광고에서 여러 가지 다른 방법으로 진행시킬 수도 있다. "VIGNETTES"라는 것은 짧은 상황을 연속물(SERIES)로 묶어놓은 것으로 같은 연기가 나타나거나, 같은 배우가 다른 연기를 해서 진행하기도 한다. 코카콜라는 농구를 하면서 보여주는 여러 가지 몸동작은 애니메이션 기법으로 여러 장면을 빠른 음악에 맞춰 짧게 여럿 보여 주면서 청량음료수로서의 편익을 시각적으로 보여주었다.

그리고, 이 여러 경우에 있어서, 광고는 거의 완전히 VIGNETTES 구조로 되어 제품을 사이사이로 보여주거나 아니면 끝에 보여주고 있다. 그러나, 그 VIGNETTES들은 - 거의 언제나 그렇듯 - 문제-해결, 생활단면, 아니면 실제시범 구성으로 실행되었다. 이 VIGNETTE 구조는 사용방법이 다양한 제품, 소구층이 다양한 제품, 반복해도 무관한 아주 세부적인 판매 소구점이 있는 제품에 잘 어울린다. VIDEO 자체로 설명하면서, 가능한 한 해설을 줄이고 강한 배경음악이 가장 효과적일 것 같다.

ii) 비교(COMPARISON)

비교광고란 광고 메시지를 제시할 때 자사의 어떤 내용과 경쟁사의 어떤 내용을 나란히 제시하여 자사의 비교 우위를 통해 광고 목적을 달성하려는 광고의 형태다. 물론 자사의 기존 상품과 신상품을 비교하여 소비자들에게 신상품의 특징을 설득시키는 광고도 비교광고이기는 하나 비교광고는 다분히 경쟁사에 대한 도전의식을 전제로 하는 경우가 대다수이기 때문에 경쟁사간의 동종 제품 사이에서 대개 벌어진다. 서구에서는 오래전부터 비교광고가 무난히 허용되어 왔으나 아직 우리의 실정에는 국민 정서적인 면에서 문제가 있다고 보아 비교광고는 규제대상이 되어있다.

그래서 자연히, 은근한 형태로 비교광고를 하기도 한다. 그 예로 미원의 "MSG를 넣지 않았다"는 광고는 비교광고로 심사되어 방송 도중에 취소가 된 것이다. 제품이나 서비스를 실제로 보여줘서 경쟁사 제품보다 우수하거나 적어도 다르게만 보인다면 "비교"법을 써봄 직하다. 이 "비교" 구조는 세 가지 측면에서 응용해볼 수 있다.

첫째, 다른 제품을 보여주고 다음에 광고할 제품을 보여줄 수 있다. 둘째, 제품작동상황을 나란히 비교해서 보여줄 수 있다. 셋째,

제품을 번갈아 가면서 연속해서 보여주기도 한다. 나란히 비교해서 보여주는 기법은 대접전 형태의 광고로서, 경쟁을 벌이는 두 개의 제품이 배우나 실소비자에 의해 내용이 알려지게 된다. PEPSI-COLA는 코카콜라와 전국적으로 맛의 대결을 벌이는 시음대회 결과를 연속물로 된 광고를 내보냈다. 자동차 광고에서는 경쟁제품과의 경쟁에서 연료비와 특장점 비교로 광고 형태가 구성되기도 했다.

iii) 연속물(CONTINUING SERIES)

연속물은 구조적으로 보다 더 큰 구조로서, 같은 인물이나 같은 상황이 한번의 광고에 이어서 등장하게 되는 경우이다. VIGNETTE처럼, 연속물은 한 가지 특징이나 많아도 두 가지 정도의 제품 특징에 초점을 두어야 한다. 특히 기억을 되살리게 하는 광고에는 효과적인데, 즉 제품의 정평이 좋아서 제품을 판매하기 위해 캠페인 주제를 간단하게 재언급해주는 게 필요하다. 아마도, 많은 연속물 광고가 미리 계획이 된 것은 아니지만 뜻하지 않게 광고가 성공할 결과로 시작하거나 그 광고 인물의 인기 때문에 연속물로 발전시키기도 한다.

② 스타일

사전에서 말해주듯 "STYLE"이라는 말은 라틴어의 "STILUS"에서 나온 것으로 습작도구라는 것이 원래 의미이다. 손으로 쓰는 스타일은 사용하는 도구와 그 도구의 사용방법에 따라 영향을 받게 된다. 광고 스타일도 이와 비슷하게 "양태(MANNER)"라는 말로 표현이 될 수 있는데, 광고를 어떻게 듣고 보고 또 어떻게 들리게 하거나 보이게 하는 방법을 뜻한다. 스타일은 시각을 반영하는 것이다. 어떤 광고이든 한가지 시각 혹은 안목이 있다. 목적은 다양한 스타일에서 한 가지를 선택해서 그것을 일관성 있게 표현하는 것이다. 일관성 있는 스타일은 메시지의 명쾌함과 논리적인 구조만큼이나 중요하다.

ⅰ) 희극과 비극

스타일에서 가장 뚜렷한 범위는 희극과 비극이다. 비극은 라디오나 TV 광고에서는 거의 쓰이지 않는데 수용자가 외면하거나 우울하게 하는 주체와 연관된 제품이나 서비스를 잊어버리기 때문이다. 그런 광고는 제품의 위신을 낮추기보다 오히려 드러내주기도 한다. 물론, 제품이나 서비스가 개인적 비극 - 죽음, 화재, 도둑, 질병 같은 것을 다루어야 할 경우에는, 피할 수 없는 어려움이 종종 있기는 한다. 그래서 보험회사, 화재경보기 제조회사, 보안장치 제조회사, 보건기구회사들은 거의 항상 위험부담이 있게 마련이다. 그러나, 불가피하게 묘사되거나, 토의되거나, 적어도 언급이 된 비극적인 사건은 문제-해결구성으로 대게 적용이 되어, 최종 강조점은 제품이나 서비스를 구매하게 되면 얻을 수 있는 해결점이다.

라디오와 TV에서 여러 가지 형태로 많이 쓰고 있는 게 희극이다. 사실, 대부분의 광고가 코믹 스케치, 시츄에이션 코미디, 독백, 코믹/희극배우 같은 표준무대, 영화, TV코미디형태 등 각색한 것이다. 정평이 난 코미디 형태에서 완전히 각색이 된 광고 중에 대부분이 활극 코미디, 재담, 농담, 그리고 단순 코믹배우 등장 등을 포함하는 일종의 유머형태를 사용한다.

코믹 스케치는 문제-해결이나 생활단면광고 형태로서 한 사람이나 그 이상의 인물이 등장하여 다소 실제적인 생활을 연출해내면서 농담을 섞어 끝을 내게 된다. 가끔 주요인물을 등장시켜서, 성공의 여부는 문제가 될 수 있으나, 삼성전자의 캠코더 광고가 그 한 보기이다. 갓난아이의 하품하는 모습과 돌잔치 때의 잔칫상 앞에서 졸고 있는 모양 그러다가 초등학생 시절의 생일 파티에서 졸다가 생일케이크의 흰 크림에다 얼굴을 처박고는 얼굴이 온통 허옇게 뒤범벅이 되어버리는 내용을 생활현장에서 일어날 수 있는 상황을 "몰래 카메라" 형태로 삼성 캠코더가 정리해 준다는 것이다.

시츄에이션 코미디는 대개 생활단면 구성의 광고로서 같은 인물이 같은 상황에 계속해서 등장하게 된다. 주요 인물들은 일반적으로 같은 농담을 살짝 변화시켜 등장한다. 독백은 잘 알려진 코미디언이 해내는 형태로서 개그맨, 코미디언 같은 인물이 등용될 수 있다. 연기자는 종종 대변인이 되기도 한다. 그러나, 연기자가 직접 제품에 대해서 말하거나, 경쟁사의 가짜 제품을 쓰게 되면 희생을 보게 된다고 간접적으로 말하든지, 그 대변인은 자기 역할에 독특한 점을 부여해야 하는데, 일반적으로 특별한 개성을 가진 인물로 묘사하게 된다.

유머는 환상적인 것으로 동시 처리될 수 있다. 유머는 특수효과를 이용할 수도 있다. CHARLIE CHAPLIN을 닮은 배우를 기용한 소화제 광고에서, 필름을 빨리 작동시켜 빠른 동작을 일으켜 침묵하는 필름효과를 만들고, 그 소화제를 쓰면 소화는 물론 가스제거까지 해결된다는 내용을 전해 주는 광고가 그 예이다. FEDERAL EXPRESS 광고에서는 항공여행안내 서비스를 잘못 이용한 화물 발송자를, 빨리 말하는 형태의 시리즈물(SERIES)로 하여 왜 그 화물이 늦게 배달되었는지 설명하는 것을 보여 주었다. 음향은 속도도 높여서 거의 알아들을 수 없게 처리되었다.

풍자는 유머의 특수형태로서 단막극(로미오와 줄리엣), 영화(바람과 함께 사라지다, 카사블랑카), 개성파(쿠바 대통령 카스트로, PLO 의장 아라파트) 또는 큰 사건(달착륙, 콜롬버스의 미국발견) 등을 흉내 내는 것이다. 자연히 풍자의 대상은 잘 알려져야 하고, 처리는 원래 인물이나 사건들에 광고 내용을 분명하게 연결시켜야 한다. 문제는 몇 안 되는 구약성서 이야기(아담과 이브, 삼손과 데릴라, 모세의 기적)나 네다섯 개의 셰익스피어 단막극과 밀로의 비너스, 모나리자, 밀레의 만종 같은 친숙한 작품 이외에는 문학적 예술적 창작으로 해낼 수 있는 것은 거의 없다. 그러나, 부차적 문학작품 - 코믹서적(슈퍼맨, 배트맨, 원더우먼WONDER WOMAN), 동요, 대중음악, 대히트 영화(STAR WARS, ROCKY), 코믹 스트립(COMIC STRIP), 그리고 예외적으로 시청율 높은 TV 프로그램 - 풍자적인 목적으로 자주 쓰이곤 한다.

경험에 의하면 잘 제작된 코미디 광고가 강력 판매 매체로 될 수 있다고 한다. 그러나, 유머가 만병통치약은 아니다. 첫째, 광고에서 어려움에 봉착하면 쉽게 쓰는 방법으로 너무 자주 이용하게 되는데, 충분히 다른 방법을 써서 더 잘 해결할 수도 있는 것을. 사실, 앞에서 제안했듯이 어떤 광고는 코미디 형태에 잘 맞아떨어지는 것도 있다. 둘째, 제품이나 서비스가 이런 스타일에 맞아떨어진다 해도 판매 아이디어가 광고에 잘 집약되어야 한다. 그렇지 않으면, 그 광고가 재미가 있을지 모르나 성공적이지는 못하다. 셋째, 유머는 쉽게 이해할 수 있어야 한다. 지식인용 소설, 거의 잘 보지 않는 외국영화 혹은 지방이나 지역인물이나 행사 같은 것에 근거해서는 안 된다. 넷째, 유머는 반드시 비공격적이어야 한다. 수용자 중 어떤 사람도 공격해서는 안 되고 특히 소수계층을 겨냥해서는 안 된다. 대부분의 광고주는 종교단체에서 신성시하는 사람, 지명, 물건, 심지어 단어(바티칸, 기도, 코란, 영성체, 기적) 사용을 기피한다. 그리고, 다섯째, 유머는 일정하게 반복을 해야 한다. 한 번 들어본 농담보다 더 지루한 건 없다.

ii) 판타지와 다큐멘터리(FANTASY & DOCUMENTARY)

스타일에서 서로 대조되는 것이 판타지와 다큐멘터리이다. 다큐멘터리는 자주 쓰이지는 않는데 생활단면적 분위기를 연출해 내어 자연적이고 연습을 통하지 않은 그래서, 현실적인 대화나 행동을 제시하는 것이다. 대개, 아나운서의 해설은 장면을 설명하는 것으로 제품을 실제시범으로 보여주거나, 시험사용, 아니면 문제를 극화시키는 것이다.

이런 스타일은 슈퍼마켓에서나 거리에서 시장에서 인터뷰 형태로 쓰일 수 있다. 제품 자체가 말을 할 때는 - 완전히 새롭거나 다른 제품일 경우 - 장식이나 허세 없이 비상식적 접근을 하지 않는 게 좋다. 다시 말해, 광고목적이 단지 알려 주는 것이라면 다큐멘터리 스타일이 정보제시에 가장 어울리는 것이다.

메시지가 불명확하거나 대단한 것이 아닐 경우 - 즉, 동종류의 제품을 느낌으로 소구할 때 - 다른 극단적인 방법을 쓰고 싶을 것이다 : 판타지.

성공적인 판타지 캠페인은 만화로 된 녹색거인, 실제 흰 기사 그리고 다른 인물들과 특수 효과를 써서 그럴싸하게 만들어지고 성장하고 사용되고 소비자 찾게 되는 것이 된다.

판타지는 어린 시절 이후 사용해 온 제품, 설탕이 발린 과자류,

장난감, 편의음식, 컴퓨터 오락 같은 어린아이 용품의 광고주가 잘 알고 있는 것으로서 수용자가 그 제품을 받아들이도록 조건이 만들어져 있기 때문에 잘 먹혀들어 간다. 판타지 광고는 매력적이고 따뜻하고 유머가 있어서 거의 모든 사람에게 잘 소구된다. 그러나, 판매제안 사항이나 제품을 놓쳐서는 안 된다. 시청자나 청취자의 의혹을 불식시킨다 해도 목적은 제품을 이상적으로 만드는 것이지 일시적인 전이를 제공하는 것은 아니다.

판타지는 네 가지로 갈라지기도 한다 : 상상적인 것, 먼 옛날 이야기, 미래형, 향수적 형태. "상상" 판타지는 거의 모든 만화 광고가 여기에 속하는 것인데 동물이 말하든지 환상적인 형체(작은 요정, 마녀, 유니콘)가 나타내는 것도 여기에 해당한다.

"먼 옛날" 판타지는 시골 장면이나 산, 유럽의 도시, 정글, 사막, 북극, 그리고 낯선 지역이나 장소 같은 세트를 이용하게 되는데, 특히 그런 것들을 이상화하거나 낭만적으로 처리한다. "미래형" 스타일에서는 광고가 상상적으로 만들어낸 세트를 이용하게 되는데 은하계를 누비는 우주선 내부 아니면 21세기의 도시 같은 것이 이에 해당한다.

향수(Nostalgic) 형태 광고는 미래 지향적이기보다 과거 지향적인 것이다. 아리스토텔레스는 "과거를 취소시키는 권력 - 이것만은 신에게도 없다."고 했다. 지금 감각으로 말한다면, 삶에는 "리와인드(rewind)"가 없다는 말이다. 보편적이고도 강렬한 정서를 동반하는 노스텔지어가 이루어지는 점은 바로 여기다. 웹스터 사전은 노스텔지어를 고향에 대한 갈망인 동시에 멀리 있는 것, 과거의 것, 예전의 행복했던 것에 대한 갈망으로 풀이하고 있다. 칠성사이다에 나오는 까까머리의 아이들은 부드러운 흑백 모노톤 품에 안겨있는 듯하다. 이 광고는 소풍 때나 칠성사이다를 마실 수 있었던 환경을 모든 세대에게 일순간이나마 향수감을 충족시켜주며 동시에 우리 각자의 과거를 잠시 상기시켜주고 있다. 감기약 코리투살, 고향의 맛 다시다 등이 이런 것에 해당한다.

현재 장소에서 어떻게든 시작하든지 관계없이 어떤 판타지 광고든 초현실적 처리로 진행되곤 한다. 이런 스타일에서, 이미지는 일그러져 이상적으로 처리되거나, 과장되어 표현된다. - 대개 카메라 트릭(TRICK)이나, 컴퓨터를 이용한 그래픽을 이용한다. NO.5 향수 캠페인에서 CHANEL 광고는 주제와는 관계없이 이미지를 동원시켰다. 황당한 감이 있으나 감상적인 장면이 "환상을 경험하세요 (SHARE THE FANTASY)"라는 말로 강조되었다. LEVI STRAUSS 광고는 컴퓨터 처리된 비디오를 시리즈로 처리했는데 형태나 물건이 둥둥 뜨는 무중력 상태의 사람 사는 전망을 보여 주었다. 이 두 광고 모두 꿈꾸는 듯한 아주 자극적인 캠페인으로서 환상적인 유혹의 세계를 만들어 향긋한 냄새와 미리 세탁한 청바지를 편하게 제공한다는 약속을 하는 광고였다.

③ 테크닉

"테크닉"이라는 것은 단순히 바라는 바를 얻어내는 방법을 뜻하는 것이 아니라, 기계적 장비를 이용해서 얻을 수 있는 기술적 방법을 뜻한다. 테크닉은 광고에서 비디오나 오디오를 조정할 때는 반드시 필요하다. 특수음향효과 - 차가 충돌하는 것, 파도치는 소리, 조립선의 작업소리 - 가 필요해서 제작비가 들지만 현장녹음을 하든가, 전송사진이 필요한 경우도 있다. 또는 공정 - 음식소화과정, 두통이 사라지는 것, 풀이 자라는 것 - 을 보여주고 싶은 경우도 있는데 과정이 조직 내부에 관련되었거나 보이지 않는 것이어서 필름 작업을 할 수 없는 경우도 있고 과정이 너무 시간적으로 길어 30초 내에 보여줄 수 없는 경우도 있다. 그럴 경우, 만화, 혹은 컴퓨터로 조종하는 카메라가 좋은 장비들이고 도구이다.

ⅰ) 애니메이션(ANIMATION)

아주 최근까지, 카피라이터와 ART DIRECTOR의 상상력을 가장 완벽하리만큼 자유롭게 한 제작기술이 애니메이션이었다. 이것은 실제로 애니메이션 광고에서는 어떤 것이든 만들어낼 수 있기 때문에 그렇다. 보통으로 보이는 사람이 초인간적 행동을 해 보일 수 있다. 동물이 노래도 하고 춤도 춘다. 심지어 생명력이 없는 것도 사람 속성과 능력을 부여받게 되기도 한다. 그 결과 많은 제품들이 동물 대변인 형태를 쓰게 되었다. 썩은 이빨, 피곤한 발, 막힌 코와 같은 문제의 해결을 생생한 그림처리로 극화시켜 처리해 줄 수 있다. 만화에 등장하는 인물이(물건도) 카피라이터, 아티스트, 감독이 의도한 세부적인 것을 정확히 담당해 줄 수 있어야 한다.

광고의 애니메이션은 만화영화 제작자인 WALT DISNEY에서부터 RALPH BASKSHI와 만화가인 CHARLES GOULD에서부터 GARY TRUDEAU에 의해 영향을 받아 왔다. 기술적인 면은 생활단면 구성으로 된 만화이야기를 만드는 데 이용될 수 있는 게 포장 10g이 아주 멋있는 그림으로 생명력을 갖게 한다든가, 혹은 판매주제를 강조하든가 제품의 시각적인 점을 강조하는 추상적인 디자인을 만드는 데 이용되기도 한다. 만화형태는 정지된 장면을 움직여서 만들 수 있는데 고정된 사진을 다른 방법으로 촬영하여 움직이는 효과를 얻거나, 정지동작을 삼차원으로 처리해서 애니메이션 효과를 만들어낼 수도 있는데 움직이는 것을 만들어내기 위해 한 번에 한 FRAME의 그림을 촬영해야 한다. 그림을 각각 촬영해야 애니메이션 효과가 얻어진다.

만화광고는 재미가 있기 때문에 인기가 좋다. 또한 그 점이 강점이자 동시에 약점이 된다. 만약에 전달해 줄 진정한 뉴스거리 - 가격, 품질, 제품 유통 - 가 있다면 그 점을 그냥 전해주는 게 가장 좋다. 재미가 있다는 것은 자칫 산만하게 하는 요인이 될 수도 있다.

또한, 개인적인 것에 관계되는 메시지는 이처럼 매력적일 수 있는 형태를 피하고 싶지만 다소 개인적인 점을 벗어나는 테크닉을 써봄 직하다. 사실 시청자가 만화의 등장인물을 알아본다는 것은 어렵다. 그러나, 주목을 끌어들일 필요가 있고, 판매 아이디어가 흥미로운 제안으로 잘 전달되어야 하고 목표 수용자가 젊다면 애니메이션 기법을 기용해 보고 싶을 것이다.

애니메이션이 만화 이상의 것을 포함한다는 것도 명심해야 한다. 복잡한 공정을 간단하고 분명하게 보여주는 데 쓰일 수도 있다. 필름이나 사진으로 해결할 수 없는 제품작동방법이나 부분을 보여줄 수도 있다. - 즉, 제품의 작동이 아주 미세한 부분일 경우, 신체 내부에서 작용하는 제품일 경우, 혹은 제품이 해결하는 문제가 실제적이기보다는 상상적으로 처리되어 보다 감미롭게 제시될 경우 (예를 들면, 화장실, 주방그릇의 더러움, 몸 냄새).

그러나, 애니메이션은 비싼 기법이어서 세심하게 선정되어야 한다. 만약에 다른 어떤 방법으로는 도저히 실제시범을 보여줄 수 없는 제품이 있다면, 애니메이션을 써라. 혹은 제품이나 메시지가 애니메이션을 통해서 환상적인 면과 잘 어울린다면 애니메이션을 써봄 직하다. 그러나, 애니메이션에 소요되는 많은 시간과 돈을 투자하지 않고도 같은 정도의 작품을 만들어낼 수 있다면 다른 방법을 쓰는 게 좋다.

ii) 컴퓨터 그래픽

1970년 초반 이후, 애니메이션의 새로운 형태가 등장하여 초창기 형태가 갖고 있던 무한할 것 같은 가능성 이상의 것을 실현할 수 있을 정도로 광고계의 지평을 넓혔다. 손으로 다양하게 그린 것과는 달리, 이 형태의 애니메이션은 컴퓨터가 조종하는 카메라를 이용하여 기계적으로 제작된다. 이 기술에서 매 FRAME의 그림이 필요한 색깔과 동작이 한 장의 흑백 그림으로 만들어질 수 있다. 필름에서 각 FRAME은 몇 번의 SUPER IMPOSE로 화상처리를 할 수 있다. 물체가 삼차원 형태로 움직이고, 회전하고, 생각해낼 수 있는 어떤 방법으로도 처리될 수 있다. 이런 작업의 결과는 최종작품이 시각적으로 웅장하게 되는데 화상이 축소되거나, 커지거나, 폭발하거나 하여 다른 방법으로는 도저히 불가능한 휘황스런 변형을 통해서 얻어진다.

컴퓨터 그래픽을 이용한 광고로는 럭키금성의 테크노피아 광고, 금강계열사 광고가 있고 눈의 주목을 끌어들여 그 주목율을 놓치지 않게 하는 시각적 드라마는 시청자의 관심과 관여를 유지하는 데 충분한 것이었다. 부가적인 행동이나 설명하는 목소리는 완전히 무용지물인 것이다.

컴퓨터가 만든 또 다른 우수한 보기는 삼성의 名品TV 광고로서 돌에 새겨진 동물들이 살아서 움직이는 모양으로 몰아가서는 그것이 결국 평평한 화면의 질을 높인 결과라고 하면서 광학적 환상을 충분히 이용한 것이다. 손으로 그린 그림의 애니메이션에서와 마찬가지로 좋은 점과 나쁜 점이 컴퓨터를 이용한 광고에도 있다. 그 한가지로, 관심을 유도하여 유지하게 할 수 있는 재미 위주의 기술이 그것이다. 이와는 달리 컴퓨터 그래픽 광고가 실제 일어날 수 없는 다소 추상적이고, 상징적이거나 비현실적인 세계를 만들어내게 되어 상당히 비인간적인 것이다. 예술적으로 완벽함을 추구하거나, 기술적 묘기를 보이고 싶은 유혹은 카피라이터, 아티스트, 그리고 기술자들 못잖게 광고주에게도 강하게 작용한다. 그런 비인간적인 문제를 해결하는 한가지 방법은 컴퓨터 그래픽을 실제 사람과 상황이 담긴 원래 자료와 혼합시키는 것이다. 방송국 광고 시간대(STATION BREAK)에 주요 NETWORK 방송국의 LOGO에 쓰이기도 하고, 컴퓨터 그래픽은 기업광고에 특히 잘 어울리는 것으로 여겨지는데, 기술적으로 정교하게 처리된 이미지가 기업 캠페인에서 주제에 해당한다.

ⅲ) 특수효과(SPECIAL EFFECTS)

라디오에서 특수효과는 모든 꾸며낸 소리를 뜻하는데, 실제의 소리와 (문 닫는 소리, 발 걸음 소리) 특수녹음 장비로써 다시 만들어낼 수 있다. TV에서의 특수효과는 이상의 것들은 물론이고 특수 카메라, 카메라 기술, 특수처리장비, 편집기 등을 동원해서 얻을 수 있는 꾸며낸 시각적 효과까지를 뜻한다.

근본적으로, 특수효과의 목적은 착각을 일으키게 하는 것이다. 배경이 후사촬영으로 만들어지거나, 배우나 후원자 뒤에서 실제상황 같은 효과를 주기 위해 투명한 화면 위에다 움직이거나 정지한 그림을 투사시켜서 배경을 만들어낼 수도 있다. 야생동물이 벽에 부딪는 것, 공항을 횡하니 가로질러 나는 직장인, 혹은 만화로 된 주인공이 실제 차 위에 앉아 있는 착각 효과 등은 두 개의 다른 장면을 따로 촬영하여 나중에 하나로 조합하는 "MATTING" 처리를 통해 만들어낼 수 있다.

촬영이 다른 각도에서 이루어져 합성이 될 수도 있다. 촬영 대상을 아주 작은 물건 형태로 만들어 부서진 배, 홍수, 화재 같은 효과를 만들어낼 수도 있다. 다양한 렌즈를 써서 초점을 부드럽게 하거나, 시각적 이미지를 길게 늘어뜨리거나 화상을 일그러뜨리기도 한다.

4. 4단계 : 매체 전략

광고 매체전략	매체 목표 설정
	매체 전략 설정
	매체 전술 설정
	매체 스케줄

매체기획은 제작된 광고메시지를 목표소비자에게 도달시키는 현실적 수단(매체)에 관계되는 일을 기획하는 단계로서, 광고 목표의 달성을 위해서 광고 컨셉트를 표현한 광고 제작물을 일정한 기간 내에서 소구대상층에게 효율적으로 전달하기 위한 매체 이용 방법을 기술한 것이다. 매체기획은 다음과 같은 주요 내용으로 이루어진다.

- 광고목표의 달성에 초점이 맞추어져야 한다.
- 소구대상에게 정확히 전달될 수 있어야 한다.
- 시간 개념 즉, 시기와 기간이 반드시 포함되어야 한다.
- 광고메시지가 전달되는 지역이 명시되어야 한다.
- 어느 정도의 강도로 매체에 노출시킬 것인지가 정해져야 한다. 총도달률(GRP), 도달률(Reach), 빈도(Frequency) 등이 여기에 해당한다.
- 크리에이티브 특성을 극대화 시켜줄 수 있는 매체가 선정되어야 한다.
- 예산범위 내에서 실행할 수 있는 기획이어야 한다.

1) 매체전략 수립의 기본 지침

(1) 기본적으로 과학적 데이터를 활용하되 과거의 경험을 아울러 반영한다. 만약, 계절적으로 판매실적에 큰 변화가 있다면, 광고예산을 월별로 균등하게 배분하지 않을 것이다. 여기서 데이터는 매체에 관련된 사항에 국한되지 않는다. 보다 광범위한 마케팅 자료, 소비자 자료 등이 포함되어야 한다. 과거 매체집행 자료를 활용해야 한다. 과거의 성공적

인 매체기획은 미래에도 적용될 수 있기 때문이다. 매체기획의 사전평가 자체가 대단히 어렵기 때문에 그러하다.

(2) 분명하게 기술하라 : 기간, 매체목표

매체목표에서 매체전술에 이르기까지의 전 과정이 분명하게 기술되지 않고는 무엇을 해야 할지, 무엇을 한다는 것인지 알 수가 없다.

2) 매체 기획의 순서

매체전략을 세우기 위해 반드시 다음의 사실들을 알아야 한다.

(1) 마케팅 목표

마케팅 목표는 매체전략의 기본방향을 제시해 준다. 왜냐하면, 마케팅 목표에는 판매목표, 마케팅 예산, 브랜드와 관련된 예상고객, 지역별 판매와 판매현황과 예상판매, 계절별(월별) 판매 목표에 관한 사항들이 명시되어 있다.

(2) 광고목표

광고목표는 매체기획의 직접적인 영향을 주는 광고전략, 크리에이티브 전략에 관한 사항들이 포함되어 있다.

(3) 브랜드특성과 소비형태

브랜드특성도 매체전략에 영향을 미친다. 소비형태는 제품을 판매할 곳을 결정하는 데 매우 중대한 영향을 미친다. 또한 어떤 종류의 소비자들이 그 제품을 필요로 하는지를 가르쳐 준다.

(4) 유통경로

유통채널이 전국적인지 특정지역에만 한정되어 있는지에 따라 광고 전달지역은 달라진다.

(5) 프로모션

매체계획은 마케팅 활동 중 특별한 이벤트나 판매촉진 행사가 있으면 그 활동을 고려한 매체계획을 세워야 한다. 왜냐하면 매체계획이 이런 활동을 지원해줘야 하기 때문이다.

(6) 경쟁사 활동

경쟁사의 마케팅 노력과 광고 활동을 알아야 한다. 경쟁사가 시장에서 마케팅활동에서 구체적으로 무엇을 어떻게 하는지 동시에 광고 활동에서 주목할 만한 일은 무엇인지 알아야만 적절히 대체할 수가 있다.

(7) 예산

확보된 예산은 얼마인지 추가예산은 어느 정도 가능한지 등을 파악한다.

(8) 광고 제작물(Creative Execution)

최종 결정된 광고제작물이 인쇄매체에 적합한 내용을 담고 있는지, 혹은 화려한 시각적 주목을 요구하는 내용이 있는지 등에 따라 선정매체가 달라질 수 있다. 동영상이 필요한 광고인지에 따라 매체계획이 달라지게 마련이다.

즉, 광고 전략을 표현한 제작물의 종류와 특성에 따라, 매체전략 기획자는 어느 형태의 매체가 더 적정한지 결정할 수 있게 된다.

3) 매체전략에 사용되는 주요 용어

많은 특수한 용어 개념이 매체전략에 사용된다. 여기서는 광고기획 담당자로서 기본적으로 알아야 할 매체전략에 사용되는 몇 가지 용어들을 소개하고자 한다.

이 용어들은 거의 모든 매체전략에 포함된다고 할 만큼 중요한 것이다. 또 이들은 상호 분리할 수 없는 매우 밀접한 상관관계를 유지하고 있다.

(1) 도달률(Reach)

도달률의 개념은 광고캠페인 기간 동안 몇 %의 사람에게 적어도 1회 이상 광고를 도달시킬 것이며 또 도달되었는가를 계산하는 데 사용된다.

주어진 기간 내(일반적으로 4.3주)에 매체에 최소 1회 노출된 사람의 수 또는 가구의 수를 비율로 나타낸 것이다. 이것은 광고가 도달되는 사람의 규모를 예측, 계산하는 데 사용된다. 주의할 점은 중복 노출된 수는 제외한다는 점이다. '목표도달률 40'이라 하면 광고기간 동안에 목표수용자 40%에게 광고를 도달시킨다는 뜻이다.

(2) 노출빈도(Frequence)

노출빈도란 광고에 노출된 타깃이 단위기간(일반적으로 4주) 동안 평균적으로 몇 회씩 광고에 접하였는가를 밝히는 것이다. 즉, 노출빈도는 광고메시지에 노출된 평균횟수다.

여기서 주의할 점은 광고주나 광고회사 입장에서 주어진 기간 내에 몇 회 광고를 매체에 노출시켰느냐를 말하는 것이 아니라는 점이다.

이 빈도(frequence)의 개념은 어떤 의미로는 도달률의 개념보다 더 중요한 개념이다.

이 개념의 중요성은 다음의 예로써 설명된다.

한 컵의 물에 설탕을 한 숟가락씩 차례로 넣어 단맛을 느끼도록 한다고 가정하자. 처음 한 숟갈의 설탕을 넣었는데 단맛을 느끼지 못하였다. 세 번째도 한 숟갈의 설탕을 넣었다. 비로소 단맛을 느끼기 시작하였다. 이 세 번째 한 숟가락의 설탕이 바로 인지점화수준인 역치(Threshold)가 되는 셈이다.

도달률을 계산할 때 중복 노출된 부분은 제외시켜야 한다. 왜냐하면 도달률의 기본개념으로 볼 때 몇 %의 사람에게 적어도 1회 이상 광고를 도달시킬 것이며 또 도달되었는가를 계산하는데 사용되기 때문이다.

도달률의 개념에서 '주어진 기간 내'라는 말은 일반적으로 1개월 즉, 4주간을 의미한다. '도달률 목표40'은 4.3주간으로 결정된 이유는 한 달이 4주가 되는 달도 있고, 5주가 되는 달도 있기 때문에 그 평균으로 통상 한 달을 4주로 계산한다.

소비자는 주목하여 광고를 보지는 않는다. 광고를 보내고 있는 시간에 소비자는 TV 앞에서 옆사람과 대화를 나눌 수도 있고, 아예 TV를 보고 있지 않을 수도 있다. 이런 소비자에게 적정한 노출빈도를 보임으로써 비로소 광고 메시지를 알아차릴 수 있도록 하는 것이다.

매체 용어로 역치란 투입된 광고비나 매체량이 비로소 제품판매에 영향을 미치기 시작하는 하한선, 즉 인지점화수준을 말한다. 매체용어로는 광고 타깃이 비로소 그 메시지를 알아차리고 그 정보를 받아들이기 시작하는 최소한의 노출횟수를 의미한다.

(3) 유효 노출빈도(Effective Frequence)

빈도를 설명할 때 최소 노출빈도가 필요하다고 하였다. 즉, 역치 이상의 노출빈도가 있어야 한다. 최소노출빈도 이상(Threshold+)의 노출빈도를 유효노출빈도라 한다.

(4) 유효 도달률(Effective Reach)

이 개념은 유효노출빈도와 연동된 개념으로 역치(Threshold)가 3+라면, 1번 노출된 타깃과 2번 노출된 타깃을 제외한 도달률(3회 이상 노출된 도달률)만을 진정한 도달률로 계산한다는 개념이다.

(5) 평균 빈도(Average Frequence)

광고주 입장에서 일정기간 내에 투입된 광고량에 대해 표적수용자가 평균적으로 몇 번 정도 시청하였는가를 알아보는 것은 중요하다. 이를 위해 사용되는 개념이 평균빈도이다. 평균빈도는 도달률과 항상 함께 사용되는 용어이며, 그 뜻은 일정기간 내 표적 수용자 중 실제 한 번 이상 노출된 사람들만을 대상으로 이들이 평균적으로 그 매체에 몇 번 노출되었는가를 구한 수치이다. 평균 빈도는 총도달률과 도달률을 이용해 구할 수 있다.

(6) GRPs(Gross Rating Points, 총 도달률)

총 도달률이란 매체간의 중복이나 반복노출에 관계없이 전체 소구대상에 전달된 총량, 즉 총 도달률을 의미한다. 일정기간 동안 노출시킨 매체의 시청률 총계다. 총 도달률은 타깃 규모(size)에 대한 백분율(%)로 표시한다.

총 도달률(GRPs) 개념에는 반드시 시간(일정기간)이 표시된다. 그러나 일반적으로 사용하는 GRPs는 한달간을 의미한다. 주간, 연간, 또는 집중 기간(예:3개월) 단위로도 쓸 수 있지만, 이때에는 반드시 '주GRPs 50', '연GRPs 2000' 등과 같이 앞에 단위기간을 명시한다. 참고로 말하지만, 이것은 도달률과 빈도에서도 동일하다. 'Reach 40' 또는 'Frequency 2.5'라고 표시되었다면, 이것은 1개월간의 도달률과 빈도를 나타낸다.

총 도달률은 매체간의 중복이나 반복 노출에 관계없이 전체 소구대상에 전달된 총량을 의미한다. 따라서 중복 계산되어질 수 있다. 총 도달률을 계산하기 위해서는 각 프로그램의 광고 시청률에 각각의 광고 노출횟수를 곱해야 한다.

GRPs=Reach × Frequency

그럼 총 도달률(GRPs) 200은 무엇을 의미하는가? 계획한 프로그램의 시청률의 합이 200이라는 단순한 이해만으로 충분한가?

즉, 매체 노출계획을 금액으로 표시하지 않고 GRPs로 표시함으로써 매체기획에 관련된 담당자들이 경쟁사 대비 또는 전년도 매체계획 대비하여 현재의 매체계획의 강도를 쉽고 빠르며 정확하게 가늠할 수가 있다.

광고주의 1개월간 GRPs가 320으로, 이 정도의 매체강도로 도달률이 80, 노출빈도가 4를 이룰수 있다는 사실을 안다고 하자. 그런데 최근 경쟁사에서 GRPs 500으로 광고를 노출한다면 도달률과 노출빈도가 자신의 광고주보다 얼마나 강하게 노출시키고 있느냐를 쉽게 가늠할 수 있을 뿐 아니라, 좀 더 상세히 분석해보면 도달률을 강화하려는지 노출빈도를 강화하려는지 그 의도까지 파악할 수 있을 것이다.

따라서 GRPs 320이란 1개월간 타깃 규모 대비 320%에 해당하는 정도로 광고를 노출한다는 뜻이다.

(7) CPRP(Cost Per Rating Point)

CPRP, CPM, CPR은 노출에 따른 비용의 효율성을 평가하는 지표들이다. 먼저 CPRP(Cost Per Rating Point)는 1 GRPs에 대한 노출비용을 의미한다. 이 CPRP는 매체 도달상의 효율성을 평가하는 데 가장 기본적인 지표로 사용된다. 이러한 CPRP는 광고매체업무에서 다음과 같이 주로 3가지의 용도로 활용된다.

첫째, 개별 매체를 선정하기 위해 각 매체의 도달상의 효율성을 평가하는 데 활용된다. 예를 들어, 어떤 프로그램 B와 C의 시청률이 각각 20%, 25%이지만 프로그램 B와C의 1회당 광고비는 동일하게 700만 원이라면 프로그램 B와 C의 CPRP는 각각 35만 원(=700만 원/20%), 28만 원(=700만 원/25%)이 된다. 따라서 프로그램 C가 프로그램 B에 도달효과의 측면에서 보다 효율적이라는 것을 알 수 있다. 따라서 광고주 입장에서는 프로그램 C를 일차적인 구매대상으로 한다. 이러한 측면에서 CPP는 개별 매체를 선정하는 데 중요한 정량적 기준으로 사용된다.

둘째, 매체 스케줄(MEDIA SCHEDULE)에 대한 사전 또는 사후의 도달효과에 대한 효율성을 분석하는 데도 CPP는 유용하게 사용된다. 예를 들어 광고주 A는 지난달 TV에 총 3억 원의 광고비를 투입하였는데 월 300GRPs를 획득하였다고 하고 광고주 B는 똑같은 광고비를 투입하여 월 150GRPs를 획득하였다고 한다. 이때 광고주 A의 월간 CPP는 100만 원(=3억 원/300GRPs)이나 광고주 B의 월간 CPP는 200만 원(=3억 원/150GRPs)이다. 따라서 광고주 A는 광고주 B에 비해 동일한 광고예산으로 매체도달효과의 측면에서 2배나 효율적으로 매체 구매를 하였다고 볼 수 있다.

셋째, CPRP는 광고예산을 결정하는데도 유용하게 사용되는 개념이다. 예를 들어 어떤 광고주A가 매체전략상 30~40대 여성을 대상으로 향후 3개월 동안 MBC-TV의 오전 주부시간대에 200GRPs를 매월 투입해야 한다고 결정했고 MBC-TV 프로그램의 오전 주부시간대에 대한 30~40대 여성의 CPRP가 100만 원이라면 그 광고주는 매월 2억원의 광고비를 3개월간 투입해야 한다. 여기서 특정 방송국의 특정시간대에 대한 어떤 표적 수용자의 CPRP를 구하는 방법은 과거 그 시간대에 나간 모든 광고의 광고비를 구한 후 그 광고주들이 획득한 GRPs를 나누면 된다. 이러한 작업은 시청률조사 회사에서 제공하는 시청률 분석 시스템을 통해 간단히 이루어질 수 있다.

(8) CPM(Cost Per Thousand)

CPM은 1000명에게 도달하는 데에 필요한 광고비를 의미하며 각종 인구 통계적 변수를 기준으로 그 표적 수용자가 접촉한 TV, 라디오, 신문, 잡지 등 모든 매체에 대해서 계산 가능하다. CPM은 주로 동일한 유형의 매체간의 도달 효율성 비교에 많이 사용되고 있다. 다른 조건이 동일하다면 CPM이 가장 낮은 매체가 가장 효율적(efficient)이므로 매체의 선정에서 우선적인 기준이 된다.

매체유형이 다른 경우에도 비교 적용되기도 한다. 다른 매체 유형간의 CPM을 비교할 때는 단지 물리적인 노출 정도만 개략적으로 비교할 수 있고, 그 이상의 의미는 없다. 즉, 어떤 TV 프로그램 A의 CPM이 3000원이고 어떤 신문 B의 CPM이 6000원이라고 했을 때 단지 물리적인 노출면에서 신문이 TV에 비해 2배 정도 비싼 것이지, 광고 효과면에서 TV가 신문에 비해 2배 정도 효율적이라고 할 수는 없다.

CPM의 계산은 다음과 같이 여러 가지 방식이 있다.

* 인쇄매체의 발행부수 기준

  CPM=광고단가/발행부수*1000

* 인쇄매체의 구독률 기준

  CPM=광고단가/구독률*표적수용자*1000

* 방송매체의 시청률 기준

  CPM=광고단가/시청률*표적수용자*1000

위의 식에서 알 수 있듯이 CPM이라는 것은 광고단가(분자)를 그 광고가 나갔을 때 노출되는 총인원(분모)으로 나누어 1인당 도달 광고비를 구한 후, 그 1인당 광고비에 1000명을 곱하는 것이다. 즉, 노출인원 1000명당 광고비다. 여기서1000을 곱한 것은 특별한 의미가 있는 것이 아니고, 1인당 광고비를 구하면 그 값이 너무 작아 소수로 표현될 수도 있기 때문에 편의상 천 명으로 묶어서 사용한 것이다.

그러나 매체 비교의 수단으로서 CPM의 사용은 다음과 같은 많은 문제점을 안고 있다.

첫째, 커뮤니케이션 수준에 따라 매체간 성능이라는 것은 달리 평가될 수 있다. 둘째, 커뮤니케이션에 있어서 임팩트(IMPACT)나 질(QUALITY)의 단위가 CPM 개념이 가정하는 것과 동일하지 않을 수도 있다. 셋째, 어떤 매체의 서로 다른 시간대나 위치에서 예측 불가능한 많은 변인들을 무시하는 것이 온당하지 않을 수 있다. 마지막으로 매체가 조금만 달라도 커뮤니케이션 효과가 완전히 등가(EQUIVALENT)라고 일반화하기에는 무리가 따른다.

(9) CPR(Cost Per Reach)

CPR란 일정기간 동안 도달률1%를 얻는 데 투입된 광고비를 의미한다. 예를 들면, 프로그램 A의 경우 1회당 광고비를 700만 원이라고 한다면 총 2800만 원이 투입되었고 도달률이 70%이므로 CPR은 이 경우 그 효율성을 평가하는 중요한 기준으로 사용될수 있다.

(10) HUT, PUT

TV의 매체계획을 수립할 때 사용되는 매체측정치 가운데 하나인

HUT(Households Using TV)는 특정 시간대에 각 채널별로 TV를 시청한 세대의 비율의 합계를 의미한다. 그리고 PUT(Poeple Using TV)는 특정 시간대에 각 채널별로 TV를 시청한 특정 표적 수용자의 비율의 합계를 의미한다. 이러한 HUT나 PUT에 관한 일일 시간대별 통계량은 변화가 거의 없기 때문에 시청률을 예측할 때 유용하게 사용될 수 있는 개념이다. 즉, 특정한 시간대에 시청률은 프로그램의 선호도에 따라 채널별로 수시로 변동되지만, 전체 채널의 시청률 합계치인 HUT나 PUT는 계절간에는 라이프스타일의 변화로 인해 변동이 있을지라도 한 계절 내에서는 거의 변동이 없다.

4) 매체 운용 스케줄

광고 활동에 있어서 매체 노출의 스케줄을 어떻게 잡을 것인가도 상당히 중요한 과제이다. 스케줄링(Scheduling)의 주요 목표는 광고 집행을 위한 연간 플로우 차트(flow chart)를 작성하는 것이다. 그 형태는 다음과 같이 크게 3가지로 구분된다.

(1) 지속형(Continuity)

이 패턴은 광고를 연간 매일 또는 매주 지속적으로 하는 것이다. 지속형 스케줄은 소비자가 잊어버려서는 안 된다고 생각되는 메시지를 광고하고자 할 때 사용된다. 지속형 광고는 소비자들에게 메시지를 계속 노출시켜 그 메시지를 항상 상기할 수 있도록 하기 위한 것이다. 이것이 지속형 스케줄이 필요한 가장 중요한 이유이다. 지속형 스케줄이 가지고 있는 또 다른 이점은 광고 노출 사이에 빈 공간(gaping hole)이 없기 때문에 구매 주기의 전부를 커버할 수 있다는 점이다. 이렇게 함으로써 광고주는 고객들이 그 제품을 실제로 구입하든 안 하든 모두가 광고를 계속해서 접촉하고 있다고 확신할 수 있을 것이다.

지속형 스케줄의 또 하나의 이점은 광고매체를 계속 이용, 매체사로부터 광고 요금의 할인 혜택을 받을 수 있다는 것이다. 따라서 집중형이나 파장형보다는 타깃 수용자의 CPM이 낮아지기 때문에 그만큼 효율적이라고 볼 수 있다. 특히 신문이나 잡지의 경우 매체 내에서 좀더 유리한 게재면을 확보할 수 있는 장점도 있다. 현실적으로 광고 예산이 충분히 확보되어 있고, 제품의 구매주기가 짧고 수요의 계절성이 분명하지 않은 경우에는 이러한 노출 패턴을 고려해 볼 수 있을 것이다.

(2) 집중형(Flighting)

이 패턴은 일정한 간격을 두고 간헐적으로 광고를 집행하는 것이다. 만약 광고를 한 달에 한 번 정도 한다면 이것을 집중형이라고 부를 수 있다.

지속형과 비교했을 대 집중형은 가장 유리한 즉, 판매잠재력이 가장 높은 시기에 광고를 집중적으로 게재할 수 있기 때문에 광고주의 경쟁력이 그만큼 강해진다는 장점을 가지고 있다. 또 구매주기로 볼 때 가장 유리한 시점에 광고를 하므로 예산의 낭비를 줄일 수도 있다.

또 집중형 스케줄이 주로 사용되는 이유는 광고예산의 한계나 매출액의 심한 기복 등의 요인 때문이다. 광고주는 판매가 늘어날 때 광고를 늘리고 판매가 줄어들면 광고를 중지한다. 이렇게 해서 광고 예산을 절약할 수 있다. 게다가 집중형의 스케줄을 사용함으로써 매체기획자는 여러 개의 매체를 동시에 사용할 수 있다. 예를 들어, 만약 광고주가 TV를 기본 매체로 한다면, 집중형의 스케줄을 구사하기 위해 라디오나 신문에도 광고노출을 대폭 늘릴 수 있다.

집중형의 스케줄을 이용하게 되는 또 다른 이유는 시리즈 광고가 가능하다는 것이다. 즉, 어떤 특정한 시리즈 광고물을 집중시켜 광고물들이 소비자들에게 통일감을 줄 수도 있다는 점이다. 특히 경쟁사가 집중형보다는 지속형의 스케줄 전략을 구사할 경우에는 광고를 집중시켜 경쟁사를 제압할 수도 있다. 이러한 이점들은 경쟁사보다 비교적 단기간에 훨씬 많은 광고를 게재함으로써 간단히 얻을 수 있는 것들이가.

그러나 집중형 스케줄을 채택할 경우 위험 요소 또한 적지 않다. 첫째, 어떤 특정 시기에 광고를 집중시킴으로써 그 광고의 집중기간이 채 끝나기도 전에 광고효과의 소멸현상(wear-out)이 일어날 수도 있다. 왜냐하면 광고 집중도가 높으면 높을수록 광고 빈도 또한 비례적으로 증가되어 소비자들이 광고에 싫증을 느끼거나 무관심해지기 때문이다.

둘째, 광고의 집중과 집중 사이의 기간이 길수록 소비자들은 그 광고 내용을 쉽게 잊어버린다. 그러나 광고가 끝난다고 해서 광고 효과가 즉시 소멸되는 것은 아니고 이월효과(carry-over effect)가 발생할 수도 있다.

셋째, 광고주가 광고를 멈추고 있을 때 경쟁사가 집중적으로 광고한다면 경쟁사가 유리한 위치에 설 수도 있다.

그러나 현실적으로 광고 예산이 매우 제한되어 있고, 수요의 계절성이 분명한 경우에는 이러한 노출패턴을 고려해 볼 수 있을 것이다.

(3) 파장형

파장형은 집중형과 지속형의 결합된 형태이며, 연간 지속적으로 광고를 하지만 어느 특정 시기에 광고를 집중하는 경우다. 흔히 지속형과 집중형이 혼용되고 있기 때문에, 매체기획자는 이들 용어를 사용할 때 그 의미를 정확히 표기하는 것이 바람직하다.

파장형은 각기 다른 여러 마케팅 환경을 가장 잘 반영할 수 있는 안전한 방법이다. 그러나 모든 광고주들에게 파장형을 사용하라고 제안할 수는 없다.

파장형은 수요면에서 연중 내내 꾸준한 판매량을 보이지만 간헐적으로 집중적인 판매가 이루어지는 제품 카테고리에 가장 잘 어울린다. 그리고 광고예산이 연간 지속적인 노출을 할 정도로 충분하지는 않으나 집중형으로 노출해도 부족하지도 않을 경우에 고려해 볼 수 있는 광고 스케줄인 것이다. 그리고 역치수준을 전제한다면 비수기의 노출량은 최소 역치 수준이 넘도록 조정해야 할 것이다.

매체기획자는 어떤 매체 집행 스케줄을 선택할 것인가에 대한 의사결정을 내려야 한다. 스케줄 패턴의 선택에 있어서 첫째 단계는 제품 카테고리에 대한 구매 패턴(purchasing pattern)을 검토하는 것이다. 대부분의 제품 카테고리는 각각의 독특한 구매주기를 가지고 있기 때문에 매체기획 담당자가 스케줄을 패턴을 결정하기 이전에 그 제품의 구매주기를 이해하는 것이 중요하다.

예를 들면, 생활필수품은 연중 내내 지속적으로 사용된다. 또 선풍기나 전열기 제품은 여름이나 겨울에만 집중적으로 구매가 이루어진다.

2장

PUBLICITY (Media Relations)

◈ 좋은 언론관계를 위한 지침은 무엇인가?

◈ Publicity 목표와 방법은 무엇인가?

1. Media Relations

PR실무자의 일과 중에 미디어와 관계되는 일이 상당 부분 차지하고 있는게 현실이다. 언론사의 간부급 사람이나 기자들과의 접촉을 통해 PR실무자들이 자기 업무의 성과를 높일 수도 있고 이들과의 관계가 잘못되어 낭패를 볼 수도 있다. 특히 언론계 종사자들이 지닌 자긍심은 PR실무자들이 잘 활용하면 좋은 자산이 될 수 있다. PR실무자와 언론인 관계는 상호신뢰와 상호이익을 유도하는 방향으로 이용되어야 한다.

PR실무자가 언론과 조직 사이에서 중간자 역할을 충실히 해내자면 조직과 미디어에 대한 충분한 확신을 가지고 있어야 한다. 그것은 간단한 일이 아니다. 조직의 이익과 언론사의 관심이 서로 충돌하는 경우가 자주 생기기 때문이다.

조직이나 기업은 자기들에게 유리한 방향으로 기사가 실려서 원하는 목표를 달성하여 불필요한 말썽거리가 생기지 않도록 바라는가 하면, 언론은 독자나 시청자들에게 주목을 끌 만한 요소를 중심으로 기사를 내보내기 때문이다. 양측 간 근본적 충돌이 생기는 원인은 미디어 측이 뉴스거리를 재미있게 만들려는 의도를 지니고 있고, 뉴스 내용을 자기들의 독자 영역에서 다루기를 원하며 결과적으로 많은 독자나 시청자들이 해당 뉴스를 접촉하기를 원하는 근본적 욕구가 있기 때문이다.

그러나 언론사측의 뉴스가치 기준만이 충돌의 원인은 아니다. 언론사의 인력부족, 충분한 시간을 가지지 못한 경우나 해당 주제에 대한 전문성의 부족으로 인해 발생하는 경우도 많다.

1) 조직과 언론사 양측에서 발생하는 불만

(1) 언론사 측

- PR 실무자들이 뉴스자료의 흐름을 점검하려 하거나 뉴스자료의 내용을 각색하려 할 때
- 뉴스에 실리도록 하기 위해 언론사 간부를 통한 영향력 행사나 압력을 시도하고 직·간접적으로 촌지를 통해 기사게재를 흥정할 때
- PR실무자들이 언론사의 뉴스처리 과정에 대한 이해가 부족하여 어떤 내용이 뉴스가 되어야 하고 어떻게 내용을 작성해야 할지 모를 때

(2) PR실무자 측

- 언론사가 전체적으로 보도를 잘못할 때 : 보도진을 확충하지 않아서 사회적으로 중요한 활동, 예를 들면 산업, 교육, 의약 분야 등에 대하여 폭 넓은 취재를 할 수 없을 때
- 언론사의 뉴스자료에 대한 반응이 느릴 때
- 뉴스원의 뉴스 자료를 객관적으로 다루려 하지 않을 때
- PR실무자의 정직하고 유능한 자질과 언론사의 기능에만 무조건 의존하려는 무능한 실무자와의 구분을 잘못할 때

보도에서 정확성이나 공정성이 기자 혼자만의 노력으로 이루어지는 게 아니다. 조직의 간부들이 언론관계 기술을 개발하여 좋은 보도자료가 뉴스로 만들어지는 과정에 노력해야 한다. 궁극적으로 뉴스 컨텐츠는 조직과 언론사간의 건전한 관계에서 출발한다고 볼 수 있다.

2) 언론사와 좋은 관계를 위한 규칙

좋은 관계는 다음의 몇 가지 중요한 원칙을 잘 실행하면 만들어질 수 있다.

- 언론을 정직하게 다루어라.
- 언론사에 서비스를 제공하라.
- 언론사에 보도를 위해 구걸을 하거나 보도되지 않는다고 투덜거리지 마라.
- 자료를 보내주고 난 후 삭제해달라고 요구하지 마라.
- 언론사에 자료홍수 형태로 많은 자료들을 쏟아 보내지 마라.
- 자료는 항상 수정보완하여 최신의 정보를 준비하라.

(1) 정직하게 다루기

정직이 최선의 방책(Honesty is the best policy)라는 말이 언론관계에서도 작동한다. 왜냐하면 이런 방책이 상식이기 때문이다. 언론인들은 조직과 관련된 허구적 내용이나 부정적 자료들을 잘 구별한다. 어떤 성격의 것이든 자료를 조사하여 뉴스로 만드는 작업은 언론인에게 달려있다. 언론인의 뉴스취재와 관련하여 이들의 활동에 속임수를 쓰거나, 언론을 회피하거나, 압력행사로 검열을 시도하거나 하는 등의 시도는 벌집을 건드리는 것과 같은 심각한 저항을 불러일으킨다.

언론인들에게는 수준 낮은 홍보작업을 금방 알아채는 본능을 지니고 있다. 따라서 PR 실무자는 정직한 언론관계를 통해 언론인들에게서 신뢰를 얻어내야 한다.

(2) 언론에 서비스 제공하기

신속하고 확실하게 언론의 협조를 구하려면 흥미 있고, 시의적절한 자료와 사진들을 언론이 쉽게 뉴스정리를 할 수 있는 형태로 잘 준비하여 제공하면 된다. 만약 기자가 한밤중에 PR 실무자에게 전화를 걸어와서 아주 특별한 내용에 대한 사진이나 추가자료를 부탁하면 실무자는 기꺼이 원하는 자료를 준비해서 전해줄 수 있어야 한다.

(3) 언론에 구걸하지 않고 불평하지 않기

언론에 실어달라고 구걸하거나 실리지 않았다고 불평하는 실무자는 언론인들이 짜증스러워한다. 언론에 뉴스로 실리기에 충분한 가치를 지니지 않는 자료는 기자들의 관심을 끌 수 없다. 언론의 편집인들은 무엇이 독자나 시청자들의 관심을 유도할 수 있는지 잘 아는 사람들이다. 언론과 관계하는 많은 실무자들이나 조직간부들이 뉴스와 관련한 작업과정이나 뉴스가치 등에 대하여 언론인만큼이나 잘 알고 있는 것처럼 행동하는 데서 많은 문제가 발생한다. 광고를 해준다는 빌미로 언론사에 조직이 원하는 자료를 실어달라고 구걸하거나, 심지어 언론사 광고부서를 통해 압력을 행사하는 행위는 언론인을 분노하게 만들 뿐이다.

(4) 불리한 내용을 게재하지 말아 달라고 요구하지 않기

PR실무자들이 언론인에게 특정한 뉴스거리를 뉴스로 보도하지 말아달라고 요구할 권리는 없다. 사실상 이것은 언론인에게 상당히 무례한 행위다. 언론인의 본질을 잊어버리라고 요구하는 차원의 부탁이다. 삭제 요구를 하게 되면 오히려 언론관계가 더 악화되기만 한다. 만약 특정 내용이 언론에 공개되어 공공의 이익에 해가 되거나 조직의 존재 자체에 중대한 손실이 예상되면 특정부분의 내용공개를 미루거나 방향을 조정해달라고 하는 합리적 제안을 할 필요가 있다. 만약 비공개를 요구하는 내용을 두 사람 이상이 알고 있다면 언론사에 뉴스 게재를 자제해 달라는 부탁은 사실상 어렵다.

만약 언론이 부정확한 내용을 공개하거나 잘못된 방향으로 내용을 몰아가면 정정보도를 언론사에 요구하거나 언론중재 기관을 통해 요구할 수 있다. 최근 언론사들은 자기들의 PR문제을 의식하여 잘못된 보도내용에 대한 정정보도는 상당한 수준으로 수용해주고 있다. 왜냐하면 언론사 자신들도 잘못된 정보를 뉴스화한 것에 대하여 독자나 시청자들로부터 좋은 관계를 만들 수 없다는 점을 잘 알고 있기 때문에 뉴스기록물에서 빨리 정정하거나 삭제하기를 원하기 때문이다.

(5) 언론사에 홍수처럼 자료 보내지 않기

많은 연구나 실제 사례를 보면 뉴스자료에 관한 관심 표현은 상식이 지배하게 된다. 예를 들면, 패션회사나 스포츠용품 제조회사가 매일 비슷비슷한 자료들을 언론사에 끊임없이 보도해달라고 보내게 되면 언론사의 담당자는 어떻게 반응을 할까? 밀려오는 자료의 홍수로 인해 특정 회사의 자료에 대하여 흥미를 잃어버리는 수준을 넘어 그 회사에 대한 신뢰를 의심하게 될 것이다. 많은 PR실무자들이 언론에 고객의 기사가 실리게 되면 담당자로서 상당히 능력있고 업무를 성공적으로 수행하고 있다는 착각을 하고, 일차적으로 하는 일이 많은 자료를 언론사로 홍수처럼 보내게 된다. 그중에 일부라도 기사화될 것이라는 막연한 기대를 하기 때문이다.

3) 전문가 수준에서 요구되는 좀 더 구체적인 가이드 라인

- 조직의 이익이 아니라 공중의 이익 차원에서 말할 것
- 필요할 때는 언제나 개인적 차원에서 이야기할 것
- 공개하기에 불필요한 내용은 처음부터 말하지 말 것

- 가장 중요한 내용을 가장 먼저 언급할 것
- 기자와 언쟁을 벌이지 말고 냉정을 유지할 것
- 기자나 언론의 질문 내용 가운데 공격적인 단어가 있거나 싫어하는 내용이 있더라도 그 단어나 내용을 반복해서 이야기하지 말 것. 기자들은 그런 내용을 중심으로 기사작성에서 선수치기를 좋아하기 때문이다.
- 만약 기자가 직접적인 스타일로 질문하면 같은 형태의 직접적인 형태로 답할 것. 대답을 하지 않는 것은 실수가 된다.
- 담당자가 질문에 대한 답을 모르면 그냥 '잘 모릅니다, 그러나 내가 알아보겠습니다.'라고 하면 된다. 모르는 것은 모른다고 진실되게 대답했고 모르는 문제에 대하여 알아보는 책임성을 보였기 때문에 적절한 대응이 된 것이다.
- 설령 해로울지라도 진실을 말하라. 의심과 적대감이 넘쳐나는 시대에 해로운 결과를 알고도 진실을 말하기는 쉽지 않지만.
- 사실을 과장하지 말 것.
- TV 방송뉴스를 고려해 필요하면 옷차림도 방송에 맞게 선택할 것.

이상의 내용을 좀 더 간단히 줄여서 정리하면 다섯 개의 단어로 요약된다 : '신속한 대응(Fast), 사실대로 말할 것(Factual), 진실하게 말할 것(Frank), 친절하게 대응할 것(Friendly), 적절한 의상(Fashion)'- 5 Fs.

4) 뉴스 컨퍼런스(기자초청 간담회)

주제가 언론의 주목을 유도하기에 충분하다면 기자들을 초청하여 준비한 자료를 동시에 전달하는 것만큼 효과적인 방법이 또 있을까? 보도 자료의 내용은 충분히 언론이 관심을 표시할 수 있는 정도의 것이어야 한다. 초청할 기자단은 중앙기자나 지방기자할 것 없이 모두 공평하게 초청하는 게 바람직하다. 필요하면 중앙기자단과 지방기자단을 분리해서 할 수는 있으나 바람직한 것은 아니다. 뉴스 컨퍼런스 장소는 언론인들이 접근하기 편리한 곳이면 좋다. 기자들의 이동시간은 상당히 중요한 것이기 때문이다. 컨퍼런스에서 회사 중역, 언론 담당자 등 주요 임직원들은 반드시 참석해야 한다. 특히 보도자료와 관련된 문제의 전문담당자는 필수 참석이다. 시작 전에 임직원과 주요 구성원들은 순차대로 언론에 소개를 하는 것이 예의이다. 초청하는 방식은 규모와 상황에 따라서 조금씩 달라질 수 있으나, 편지, 메모장 형태, E-mail, 팩스, 전화 등의 수단이 될 수 있다. 상황이 급하면 전화를 이용할 수 있다. 좀 일찍이 알려준 통보는 해당 날짜 하루 전 쯤에 확인 안내를 해 주는 것이 참석을 많이 하게 한다.

기자들이 도착하면 준비된 자료를 배포하여 기자들이 미리 읽어보고 필요한 질문을 하도록 하게 한다. 복잡하거나 내용이 어려우면 추가 설명을 통해 이해를 도와줄 수도 있다.

5) 보도 자료 배포(Press Release)

보도자료 배포는 미디어 관계를 작동하게 하는 근본적 수단이라 할 수 있다. 사실 너무나 기본적인 일이어서 가끔씩 실행과정에 그다지 신중하지 않을 수 있다. 미디어는 신뢰할 만한 뉴스 정보원으로부터 보내주는 정보에 상당 부분 의존해오고 있다.

보도자료 배포를 위한 기초적 규칙을 몇 가지 제시하면 다음과 같다.

(1) 최적의 언론담당자에게 자료를 보낼 것

보도자료 수신자가 그 주제를 다루는 부서의 인물이어야 하고 동시에 그 주제에 관심을 기울일 수 있어야 한다. 보도자료를 준비하고 나서 해당 자료를 적절한 언론인 리스트를 통해 보낼 수 있다. 언론인 리스트는 평소에 영역이나 전문분야별로 언론사의 담당자 목록을 준비해두었다면 훨씬 좋고 아니면 우선 담당 언론인 목록을 준비하는 게 좋다. 소속, 주소, 전화번호, E-Mail, 팩스번호, 휴대전화, 마감시간 등이 주요 자료다. 이런 자료들은 주기적으로 변경내용을 수정 보완해 두어야 한다.

(2) 시간에 맞게 보내야

언론인의 일정에 맞춰 자료를 보내줘야 뉴스거리가 실리는 확률이 높아진다. 타이밍을 고려하지 않은 자료는 한낱 쓰레기에 지나지 않는다.

(3) 읽기 쉽고 편집하기 쉬운 형태로 보내야

모든 조건이 동등하다면 언론인들은 자료 정리 과정이 쉬운 것을 더 좋아한다. 이것은 보도자료의 내용의 중요성뿐만 아니라 외형적 자료 준비상태가 더 중요할 수 있다는 의미이다. 원고 내용편집 상태에서 줄 간 간격과 여백의 폭이 충분하고 기자가 수정 및 보완하기에 충분히 편리하도록 편집되어 있어야 한다.

(4) 보내는 자와 연락처가 표시되어 있어야

기자가 궁금하면 더 알아볼 수 있다.

(5) 뉴스 가치가 있는 자료를 보낼 것

뉴스자료를 받는 사람이 그 자료에 대해 시간을 충분히 가지고 모르는 내용은 알아보고 상세하게 내용을 추적하지 않는다. 만약 자료 수신자가 첫눈에 그 자료의 뉴스가치를 알아보지 못한다면 그 자료는 뉴스로 될 가능성이 없다. 다음과 같은 자료 구성 지침을 참고하면 유용하다 : 제목을 통해 뉴스 가치를 충분히 부각시킬 것. 주요 내용을 본문에 포함시켜서 주목율이 저하되고 결국 뉴스가치가 떨어진다는 점을 이해해야 한다. 내용구성에도 첫째 문단에서 중요한 사실이나 의미를 제시해서 뉴스가치를 높여야 한다. 의견에 관한 내용은 자료 끝 부분에 언급되어도 된다.

6) 보도자료의 종류

일반적으로 평상적 상황에서 언론에 보내는 보도자료는 대개 수용자로 하여금 조직에 대하여 긍정적 인식을 갖게 하여 조직에 대하여 호의를 높이고자 하는 성격이 짙다.

보도자료의 종류를 알아보면 다음과 같다.

(1) 비즈니스 피쳐(Business Feature)

수용자가 특정 주제나 영역별로 세밀하게 구분되어 있는 전문잡지나 매체들이 최근 많이 나타났다. 이들 세분화된 영역별 매체를 잘 활용하면 조직과 관련된 뉴스정보가 채택될 기회가 많다. 기업 경영에서도 제품분야, 마케팅분야, 인사 분야, 회계나 재정분야 등으로 다양한 전문 영역이 있다. 이 같은 전문 영역과 관련된 주제를 전문가에게 부탁하여 조직의 정보를 뉴스가치화하는 작업 과정을 거쳐 언론사에 보낼 수 있다.

(2) 소비자 서비스 피쳐

소비자가 이용하는 제품이나 서비스와 관련된 자료는 뉴스자료로 활용될 가치가 아주 높다. 음식, 여행, 오락, 교육, 육아, 책 등과 같이 소비자 중심의 자료는 무궁무진하다.

(3) 금융 피쳐(Financial Feature)

최근 주식투자와 같은 금융상품에 관련된 소비자가 늘어남에 따라 투자와 관련된 정보를 필요로 하는 수용자가 급격히 늘어났다. 금융관련 자료에는 조직의 재정 활동과 관련된 정보를 공개하여 주식에 투자를 유도할 수도 있고 회사의 재정 건전성을 알리는 기회도 될 수 있을 뿐 아니라 잠재성 있는 미래 투자자에게 회사를 알리는 좋은 기회가 되기도 한다.

(4) 제품 피쳐(Product Feature)

조직의 제품이나 서비스에 대한 뉴스자료를 의미한다. 조직이 시장에 처음으로 출시하는 제품이나 서비스뿐 아니라 개선된 디자인이나 보완된 서비스 등 제품이나 서비스의 바람직한 변화가 뉴스자료로 활용될 수 있다.

(5) 사진과 동영상 피쳐(Pictorial Feature)

본문 내용이 많아서 정성 들여 읽어야 내용을 이해할 수 있는 일반적 피쳐보다 재미있는 사진 한 장이 훨씬 더 언론인과 수용자의 주목을 유도할 수 있다. 단 사진 아래에 설명에 해당하는 캡션을 적절하게 잘 붙여야 하고 사진의 구도와 인쇄 수준이 언론사에서 받아들일 정도여야 한다.

최근에는 수용자가 직접 제작한 동영상자료를 가지고 비디오피쳐 자료로 활용하기도 한다.

우수한 편집수준이나 촬영기술이 요구되기도 하지만 동영상에 실린 주제의 성격이 중요하다.

2. Publicity

Publicity란 조직, 기관 혹은 개인에 관한 정보를 인쇄, 방송, 뉴미디어 등의 매체에 게재하는 활동을 일컫는다.

이처럼 다양한 언론매체에 게재하도록 하기 위해서는 다음과 같은 수단이 활용된다.

- 보도자료 배포(Press release)
- 기자 간담회
- Press conference

- Promotion (DM, S/P, 팸플릿, 브로슈어, 포스터, 이벤트)

1) Publicity 목적

- 공적 논의를 위한 공공의제 설정(Public agenda)
- 새로운 정보를 제공해서 제품, 인물의 인지도를 향상시킴.
- 조직(단체, 기업)에 대한 개성 부여함.
- 목표하는 공중의 행동, 심리적 형태에 영향을 주기 위함.

2) Publicity 주의 사항

- 과도한 자료 배포는 자제해야 함.
- 여론에 영향을 미치는 것은 내용이지 Publicity 양이 아니다.
- Publicity의 내용이 수용자가 수용하는 내용이 아닐 수도 있다.
- 조직의 특성을 반영해야 한다.

3) Publicity 계획

(1) 제품 중심으로 본 Publicity 네 가지 질문

- 누구를 target public으로 정할 것이냐?
- target public의 요구사항이 무엇인가?
- 효과적인 메시지 전달 방법은 무엇인가?(매체선택, 메시지 선택)
- 기대하는 결과(행동, 인지, 태도 등)는 무엇인가?

(2) Publicity 요소

- 시장 분석 : 상황분석. 시장상황 구체적으로 진술
- 커뮤니케이션 분석 : 경쟁자의 커뮤니케이션 수단 및 내용 분석, 자사의 커뮤니케이션 분석(clipping 자료 분석)
- 목표수용자를 정확히 규명할 것
- 커뮤니케이션 목표를 명확히 할 것

① 최종 목표 : 혜택의 인지도, 신제품 인지도, 특별한 행동을 유도함. 잘못된 정보나 인식을 수정함. 태도변용, 태도 형성 등에 대하여 구체적으로 진술할 것.

② 미디어 목표 : 배포자료의 게재목표로서 기사화가 되었을 때 기사의 방향, 위치 혹은 기사화된 양이 어느 정도로 어떻게 할 것인지.

(3) 효과적 Timing

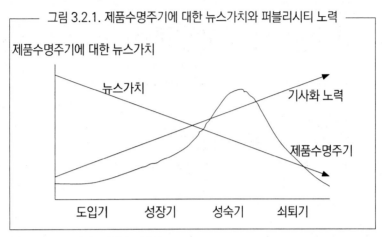

그림 3.2.1. 제품수명주기에 대한 뉴스가치와 퍼블리시티 노력

제품수명주기에 대한 뉴스가치

뉴스가치

기사화 노력

제품수명주기

도입기   성장기   성숙기   쇠퇴기

(4) News Release 하는 경우
  Press Kit-News Release를 하는 자료를 말함.
- 신제품 출시의 경우
- 제품 개선이나 새로운 시장에 진출 혹은 개척하거나 새 시장에 제품을 적용하고자 할 때
- 유통관련한 새로운 도·소매업 시도할 경우
- 특별행사, 연설

(5) News Release 작성요령
- 제공일자 시간, 제공자와 연락처를 알아볼 수 있도록 할 것
- 제목으로 언론사가 주목을 갖도록 할 것
- 보도기관의 수용자와 연관성을 갖게 작성할 것
- 사실적이고 요점 위주로 작성
- 간단히 쓸 것
- 두 줄 이하로 문장 구성할 것
- 한 문장에 한 내용을 넣을 것
- 단락 구분할 것
- 육하 원칙 준수 : 5W 1H
- 편집자(언론사)가 행간의 의미를 이해하도록 기대하는 것은 금물이므로 배경의 의미를 잘 이해 하도록 쓸 것.

3장
지역사회 관계(Community Relations)

◈ 지역사회관계는 무엇을 해야 하나?

◈ 지역사회관계 10계명은 무엇인가?

지역사회 관계는 조직의 계획적, 적극적 그리고 지속적 참여를 통해 조직과 지역사회가 동시에 혜택을 보게 되는 환경 유지 및 개선을 목적으로 하는 활동을 의미한다.

지역사회 관계에 영향을 주는 요소는 다양하다. 주민 동원이나 소집, 노사관계, 기업의 산업폐기물 처리문제, 에너지 사용, 건물 디자인과 도시환경 문제, 조직의 지역사회 봉사 등 여러 가지 형태가 있다.

조직의 피고용자들의 의식수준, 정부기관의 수준, 지역 주민들의 후원, 조직이 지역 사회를 위해 재정지원을 유도할 수 있는 능력 등이 보다 실제적인 차원에서 지역사회 관계에 영향을 미칠 수 있다.

마케팅, 기술발달, 자원 조달 방법이나 경영 영역들이 점점 국제적 환경으로 확대되고 중앙정부의 영향력이 모든 조직의 현장 환경에 막대한 영향을 행사하고 있는 현실을 고려한다면, 지역사회 관계라는 주제가 다소 시대착오적으로 비칠 수 있기도 하다. 사실 사회학자나 정치학자 가운데는 이동성과 커뮤니케이션 수단이 급속도로 발달함에 따라 지역사회라는 관념이 점점 사라지고 있다고 주장하는 자도 있다.

그러나 아직 지역사회가 사라졌다고 말할 수 없다. 왜냐하면 여전히 지역주민들은 동네 학교문제, 동네의 안전 문제나 지역 환경문제에 대하여 서로 머리를 맞대고 고민하고 행동으로 움직이고 있기 때문이다. 예를 들면 대구는 "Colorful Daegu"라는 슬로건으로 대구지역 사회를 활기차고 살기 좋은 지역사회를 만들겠다고 행정기관이 앞장서서 다양한 조치를 실행해오고 있다. 과거 30년 혹은 40년 동안 지역사회 주민들의 주된 고민과 현재 지역사회 주민들의 고민은 그 성격과 규모가 많이 다를 수 있다.

원만한 지역사회 관계를 위한 조직의 노력은 지역사회의 본질을 이해하는 데 있다. 지역사회 관계가 효과를 얻으려면 조직이나 기관 사이에 상호의존성을 인식해야 한다. 조직이 지역사회에 영향력을 미치거나 그 영향력의 정도는 효과적인 관리를 통해 사회적 균형을 이룰 때 가능하다. 그래서 좋은 지역사회 관계는 조직이 지역사회로부터 필요로 하는 것을 확보하도록 도와주고 지역사회가 기대하는 것을 제공하도록 조직이 도와준다. 나아가 지역사회 관계를 통해 조직의 투자를 보호해주고 정부기관을 상대하는 데 소비되는 불필요한 비용을 줄여준다. 긍정적인 지역사회 관계를 통해서 조직이 지역사회의 건강문제나 교육프로그램을 후원해줌으로 해서 지역 노동자들의 생산성을 높여줄 수도 있다. 그 결과로 인해 지역과 지역주민들은 그 조직에 대하여 호의적 태도를 가지게 되고 그 조직을 지지하게 될 것이다. 이처럼 조직과 지역사회가 공동의 이해관계를 인식하게 되려면 세밀한 준비와 계획이 요구된다.

1. 지역사회 관계를 위한 목표 설정

일반적 차원에서 볼 때, 지역사회 관계는 조직, 조직의 제품이나 서비스 그리고 기타 주요 내용을 지역사회에 알리는 것을 말한다. 잘못 알려진 것을 바로잡고 비난에 적절히 대응하여 지역사회와 주민들로부터 호의적 여론과 지지를 얻어내는 것이다. 좀 더 구체적 차원의 목표들을 보면 다음과 같다.

(1) 지역사회에 조직의 정체성을 알리는 것 : 생산제품은 무엇인지, 종업원 수는 얼마인지, 조직의 규모는 어떤지, 세금은 얼마나 내는지, 종업원 복지수준은 어느 정도인지, 지역사회를 지원하는 규모는 어떤 것에 어느 정도 규모인지.

(2) 지역사회가 잘못 알고 있는 내용을 바로잡고, 비난에 대응하여 지역 주민이 가지고 있는 잘못된 정보나 태도를 수정하는 것.

(3) 입법활동을 위한 지지를 얻어내어 지역사회에서 조직에 대한 호의적인 분위기를 형성하는 것.

(4) 지역사회가 조직이나 특정 주제에 대하여 태도, 지식 그리고 기대감

을 결정하는 것.

(5) 지역사회의 건강문제, 교육, 여가 그리고 문화적 활동을 지원하는 것.

(6) 지방 정부에 조직이 지역사회 상대로 벌이는 활동이나 기여 내용을 알려주고 지방 정부로부터 보다 많은 지원을 얻어내고 지역사회나 지역 단체가 호의적 태도를 갖도록 함.

(7) 지역물자와 서비스를 구매해줌으로 해서 지역경제를 도와주는 것.

지역사회 관계 프로그램의 정책과 목표들이 이상주의적 원칙에 의해 결정되는 것은 아니다. 그 정책과 목표들은 조직의 필요, 조직의 자원, 조직의 전문성, 지역사회의 필요와 지역사회의 기대감 등과 같은 요소들을 평가하여 결정될 수 있다.

가치있는 정책과 목표를 도출해내기 전에 조직은 지역사회를 정확히 알아야 한다.

2. 지역사회 알아보기

일반적으로 지역사회 관계는 조직이 지역사회를 상대로 벌이는 커뮤니케이션을 강조한다. 그런 커뮤니케이션이 성공적 결과를 얻어내려면 지역사회 주민들을 잘 알아야 한다. 지역사회에 대한 기초적인 정보가 우선 아주 유용하다. 인구구성, 역사적 지리적 경제적 정보 그리고 기타 쉽게 얻을 수 있는 자료들은 필수적이다. 지역사회에 대한 진정한 정보는 흔히 접할 수 있는 자료집이나 파일에서 찾을 수 있는 것은 아니다. 효과적인 지역사회 관계 프로그램은 다음과 같은 질문에 답을 해줄 수 있어야 한다.

1) 지역사회 구조는 어떠한가?

- 인구 구성은 어떻게 되어 있나?
- 리더십의 구조는 어떤 형태이며 어디서 리더십이 나오는가?
- 지역사회가 지속적으로 소유하고 있는 가치의 구조는 무엇인가?
- 커뮤니케이션 채널은 어떻게 되어 있나?

2) 지역사회의 강점과 약점은 무엇인가?

- 지역사회가 지닌 특별한 문제는 무엇인가?
- 지역사회 경제는 어떤가?
- 지역사회 정치는 어떤가?

- 지역사회의 인적 자원, 문화적 자원, 자연 자원은 어떤 것들이 있나?

3) 지역사회는 조직에 대해 어떻게 알고 있으며 어떤 감정을 갖고 있나?

- 지역주민들이 조직의 제품과 서비스, 조직의 하는 일이나 정책을 알고 있나?
- 지역사회는 조직에 대하여 어떤 감정을 가지고 있나?
- 조직에 대하여 잘못 알고 있는 것은 없는가?
- 조직의 활동에 대하여 지역사회의 기대는 무엇인가?

위의 질문에 대한 답이 쉽게 얻어낼 수 있는 것은 아니다. 게다가 답이 시간에 따라서 변할 수도 있기 때문에 지속적 관찰이 필요하다. 조사 전문가나 조사 전문기관을 통해 지역사회와 지역주민에 관한 자료를 만들 수 있다.

다음은 **지역사회 관계를 위한 10계명**이다.

① 지역 사회를 잘 알아라.

② 지역사회에 대한 조직의 정책을 개발하라. 그 정책의 구체적인 목표를 설정하라. 그 정책은 조직의 요구, 자원, 전문성과 지역사회의 요구나 기대에 근거한 것이어야 한다. 보기를 들면 다음과 같다 : 여성과 다문화 가구로부터 많은 노동력을 유치하는 것. 지역사회가 조직의 지역사회 기여내용을 알게 하도록 하는 것. 지방 정부와의 관계를 개선하는 것. 지역 학교와의 관계를 증진하여 지역사회가 전문노동력이나 지역 주민들에게 보다 매력적인 곳으로 인식되도록 하는 것. 지역 대학의 수준을 높여 보다 우수한 인력을 확보하는 것.

③ 조직의 정책, 실제 업무, 업무진행과정을 잘 검토할 것. 이런 것들이 지역사회 관계 정책과 일관성을 유지하고 있는가?

④ 특별히 다음과 같은 분야를 잘 살펴볼 것 : 쓰레기 처리문제, 일자리 문제, 노동 정책(해고, 보상, 기타 수당지급), 공해문제, 교통문제, 조직의 시설 유지문제

⑤ 지역사회와 커뮤니케이션 할 수 있는 모든 수단을 이용할 것 : 종업원을 포함한 노동자, 지역 미디어, 오픈 하우스, 지역의 각종 시민 단체, 광고, 지역 신문, 전시회 등

⑥ 조직을 지역사회 조직이나 기관과 연계시켜 활동하게 할 것 : 지역

사회나 전문가 그룹과 노동자 단체를 후원하는 일. 조직의 시설을 지역사회를 위해 사용할 수 있도록 해줌. 지역사회 청년단체나 기금모금 활동을 후원함.

⑦ 조직의 기부금을 조직의 지역사회 정책이나 목표에 따라 분배할 것. 자선행위는 지역사회 관계에서 아주 중요한 요소이다.

⑧ 지역 상공인단체, 은행, 보험회사, 변호사 등 지역 전문 단체들을 잘 활용할 것.

⑨ 지방 정부에 도움을 제공할 것. 지방 정부가 필요로 하는 조직의 시설활용 등의 선의의 도움을 제공할 것.

⑩ 지역사회 관계 프로그램을 평가할 것. 어떤 목표가 달성되었는지 조사를 실행할 것. 조사를 통해 목표달성을 위해 수정해야 할 내용이 무엇인지 결정하고 새로운 전략을 준비할 것.

조직이 지역사회와 평화롭게 공존하기 위해서는 다음과 같은 세 가지 기술이 요구된다.

1) 지역사회가 조직에 대하여 어떻게 생각하고 있고 어떻게 알고 있는지를 알아야 한다.

2) 지역사회에 조직에 관한 내용을 잘 알리는 기술이 필요하다.

3) 조직과 지역사회 그리고 그 외 필요한 단체 사이의 문제에 대하여 중재하거나 협상하는 기술을 발휘하여 조직과 지역사회의 불일치를 해소할 것.

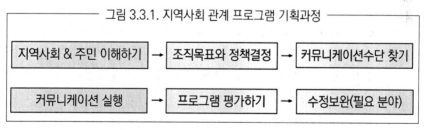

그림 3.3.1. 지역사회 관계 프로그램 기획과정

지역사회 & 주민 이해하기 → 조직목표와 정책결정 → 커뮤니케이션수단 찾기

커뮤니케이션 실행 → 프로그램 평가하기 → 수정보완(필요 분야)

4장
투자자 관계(Investor Relations : IR)

◈ IR의 철학과 활동은 무엇인가?

◈ IR의 과정은 어떠한가?

21세기 진입 2년 전 미국 증권 시장에서는 주식을 사고 파는 일이 미국의 많은 사람들에게 하나의 거대한 스포츠 형태로 행해지고 있었으며 그 결과 수많은 투자자들이 월 스트리트로 몰려들게 되었다. 그런데 어느 날 갑자기 주식의 거품이 사라지고 기업과 투자자들 모두 값비싼 교훈을 얻게 되는 불행한 사태가 벌어졌다. 그 교훈은 "공짜 점심은 없다.(There is no such thing as a free lunch)"라는 것이다. 20세기 말경에 벌어진 미국 금융가의 많은 주목거리 가운데 다음과 같은 사실이 있다. 2000년 8월 23살 청년이 가짜 뉴스자료를 인터넷 통신 서비스 망에 올려 투자자들이 25억 달러 이상의 비용을 치르게 하는 일이 벌어졌다. 이 청년은 약 24만 달러의 벌금을 물고 감옥으로 갔다.

2000년 9월 15살 고등학생이 역시 인터넷 상에서 주가조작 프로그램을 활용하여 불법으로 약 27만 달러에 해당하는 돈을 벌어들였다. 그 소년의 주가조작 내용은 여러 회사들에 대하여 긍정적 전망을 하게 하는 가짜 정보를 만들고 인터넷 공간에 띄운 것이다. 투자자들은 그 가짜 정보에 속아 넘어갔고 그 주식을 대량 구매했으며 그 소년은 비싼 값으로 같은 주식을 팔아버린 것이다. 2002년 회계부정 폭로로 한때 존경받던 Enron이나 Worldcom 같은 기업들에 대한 투자자들의 신뢰가 사상 최저상태로 떨어져버렸다. 최고기술과 기업들의 약속에 대한 신뢰가 땅에 떨어지고 투자자를 신뢰하던 정신이 사라지는 일련의 일들이 생겨난 후부터 기업의 투자자들과의 관계가 얼마나 중요한가를 인식하기 시작했다. 그런 중요성이 인식이 21세기에 들어와서 생겨난 것이다.

1. 투자자들 상대하기

투자자 관계(IR: Investor Relations)의 중요성은 1990년대 후반 주식시장이 최고점을 달리기 시작하면서 부각되기 시작했다. 미국에서는 1933년 증권 법령 통과 그리고 1934년 증권교환법령이 통과된 이후 1930년대 중반에 투자자 관계가 태동되었다고 볼 수 있다. 증권발행과 판매에서 오남용행위를 통한 공중을 보호하기 위한 조치였다.

1) 투자자 관계란 무엇인가?

기업의 인식과 시장현실과의 차이를 줄이려는 노력 즉 기업의 주식이 적정 시장가격에 이르도록 도와주는 노력이 투자자관계라 할 수 있다. IR전문가들의 과제는 회사의 정보를 제공하여 투자자들이 특정투자회사에 대하여 투자에 대한 신뢰를 형성하도록 하고 금융관련 산업 영역에서 긍정적 관계를 만들고 유지하도록 하는 것이다. 특히 경영진이 이와 같은 IR분야에서 실패하면 경영진에서 물러나야 하는 것은 물론 회사를 위험에 빠뜨릴 수도 있다. 이렇게 되려면 IR전문인은 주식소유자를 자극하여 회사주식을 사서 보유하도록 하고 기관이나 금융전문가를 설득하여 관심을 가지도록 해야 한다. 특정회사의 주식가격이 현재나 미래의 기대치와 연관지어 합리적 수준으로 정해져 있다면 그 회사가 향후 확장 기회가 있을 때 투자자를 유치하기가 훨씬 쉽다. 주식 보유자들의 회사에 대한 강력한 신뢰는 회사 관리자의 입장에서 볼 때 목표달성에 중요한 지원자산이 된다. 이처럼 주식보유자의 회사에 대한 강한 신뢰감 형성이 IR전문가의 의무이다.

2) IR 철학

IR의 핵심은 투자자들이 주식을 사고 팔거나 보유하는 의사결정에 영향을 미치는 정보를 제공하는 것이다. 투자자들에게 참고가 될 만한 자료들이라면 반드시 공개해야 한다. 참고가 될 만한 합리적 기준은 투자자들이 투자결정을 내리는 데 필요한 어떤 형태의 사실도 포함되어야 한다. 일반적인 보기는 다음과 같다.

① 기업 합병과 인수에 관련된 내용
② 배당금 정책에 관한 변화
③ 수익률과 수익금 결정
④ 사업계약상 성사된 것과 실패한 것
⑤ 중요한 경영 변화
⑥ 자금 투자계획상 변화
⑦ 회사 내 주요 자산 매각이나 주요 자산 구매 내용
⑧ 상당한 양의 주식 처분이나 채무와 관련된 내용
⑨ 법원과 관련된 내용
⑩ 발명이나 발견에 관련된 중요한 내용
⑪ 신제품과 관련된 마케팅 내용

위와 같은 일이 일어나면 회사는 신속하고 공정하고 완전하게 정보를 폭넓게 공개하여 시장에서 모든 가능한 투자자들이 관심을 가지도록 해야 한다.

3) IR활동

대형 회사를 제외하고는 IR관련 직원이나 전문인이 그리 많이 고용되어 있지 않고 해당 부서 예산도 미미한 수준이다. IR전문인이 선택할 수 있는 커뮤니케이션 수단은 다음과 같다.

(1) 연례보고서(Annual Report)

일 년에 한 번씩 공개하는 재무보고서를 말한다. 종전에는 인쇄물 형태로 발행했으나 이제는 On line에서도 접근할 수 있도록 해야 한다.

① 회사 설명 : 본사 안내, 기업의 주요활동, 제품이나 서비스 안내 등
② 주주에게 안내편지 : CEO사진을 게재하고 한 해 동안의 실적보고와 내년도 회사의 계획과 전망. 솔직하고 직설적 내용으로 채워져야 함.
③ 재무 보고 : 회사의 재무와 관련된 주요 내용 안내
④ 설명과 분석 : 재무 보고서에 관련된 내용을 필요한 주제에 따라 설명하고 분석해줌.
⑤ 경영과 마케팅 토의 : 회사의 제품이나 서비스에 대한 시장확장과 예상에 대한 설명

⑥ 그림 및 사진 : 투자자들이 쉽게 이해할 수 있는 사진과 그래프 형태로 제시할 것.

(2) 분기별 보고서

매 3개월마다 주주들에게 회사 수익이나 회사 발전 주제를 전달한다. 대개는 전년도 같은 기간 회사의 얻은 실적을 비교해 보여주기도 한다.

(3) 연례 회의

일 년에 한 번씩 주주들과 경영에 관계되는 주제로 질문-대답 형태의 커뮤니케이션 장을 제공한다. 문제는 회사가 특정한 문제에 직면해있을 경우, 회사 경영진들이 이와 같은 활동을 회피할 수도 있다. 그렇지만 주주들은 이와 같은 토의 기회를 통해 회사에 대한 관심을 높일 수 있다.

(4) 컨퍼런스 전화

경영의 고위 간부들이 직접 투자자들에게 전화를 걸어서 그동안의 실적과 향후 경영에 대하여 설명하고 질문을 듣고 답하는 형태이다. 전화를 통해 주식 분석가. 기관들 그리고 개인투자자들에게 회사의 수익정보와 주식시장 예상 정보를 주기적으로 제공하는 활동을 말한다. 회사는 수익이나 예상 정보와 관련해서 신중하게 작성된 정보만 제공해야 한다.

(5) 언론 접촉과 언론 모니터링

방송의 경제뉴스. 경제 전문 신문 특히 주식관련 정보를 실시간으로 방송하는 금융 케이블 방송의 정보는 철저하게 검색하고 조사하여 정리해야 한다.

(6) 대리 우편

회사가 주식보유자와 관련된 논쟁적 주제에 대하여 회사경영상 의견을 전달하여 투자자들이 투표를 해야 할 경우 문제해결을 위해 투표를 할 수 있도록 하는 정보를 우편으로 제공한다.

2. 투자 분석가들 다루기

IR 활동에서 중요하게 다루어야 할 대상이 주식시장 분석가들이다. 이들은 주식시장에서 특정회사의 기대치와 미래 수익률 그리고 시장에서의 현재평가 등을 토대로 하여 주식의 가치를 결정하는 일선 책임자들이다. 주식 분석가들은 크게 두 부류로 나누어진다. 주식판매측 분석과 주식구매측 분석가들이다. 판매측 분석가들은 특정 산업이나 회사들의 주식을 연구하고 앞으로의 수익을 예상하는 일을 맡는다. 그렇게 해서 특정 주식을 사거나 팔거나 혹은 보유할 것인지에 대한 추천을 한다. 구매측 분석가들은 뮤추얼 펀드, 투자 자문회사, 거대한 가족회사, 연금 단체와 같은 거대규모의 금융 관련 회사들을 상대로 일을 한다. 회사가 이들 거대자본 회사의 주식을 사들여 수익을 올릴 수 있는지에 대한 결정을 내린다.

1) 인터넷 IR

인터넷이 PR의 대부분의 영역에 영향을 미치고 있는 것처럼, 인터넷은 IR분야에서도 상당한 영향력을 보이고 있다.

① 홈페이지를 통해서 투자관련 정보를 제공하게 되면 보다 적극적인 회사로 인정받는다.

② 웹사이트가 디자인이 잘된 회사는 투자자는 물론 잠재 투자자들로부터 투자처로서 그 회사에 대하여 호감을 얻을 수 있다.

③ 웹페이지를 통해 투자자들에게 전달할 정보가 경영차원에서 잘 관리될 수 있다.

④ 최근 투자자들은 온라인 장치를 통해 투자도 하지만 인터넷과 같은 망을 통해 개인의 투자와 관련된 연구활동도 한다.

2) IR 실제과정

조사 : Client 조사 → 기회 혹은 문제 조사 → 수용자 조사

→ 목표 설정 : 효과목표, 결과목표

→ 프로그램 만들기 : 주제와 메시지 설정, 행동내용, 미디어접촉/자료배포, 효과적 커뮤니케이션

→ 평가

(1) Client 조사

PR실무자는 먼저 다음과 같은 항목에 대한 조사를 해야 한다 : 회사의 과거와 현재의 재정 상태, 회사의 과거와 현재 IR 프로그램, 회사의 강점, 약점, 금융 분야에서 특별한 기회요인

(2) 기회 혹은 문제 조사

그 다음은 회사의 금융관련 관계 프로그램에 대한 조사를 해야 한다. 대부분의 회사는 평소에 추진해 오던 프로그램에 매여 있을 수 있다 : 미디어 접촉, 주식소유자에 대한 연례보고서, 연차회의, 그 외 잡다한 행사 등. 그래서 문제에 대한 분명한 조사가 진행되어야 한다.

(3) 수용자 조사

금융분야에서 중요하게 다루어야 할 핵심 수용자를 찾아내는 일이 이루어져야 한다.

① **주식 보유자와 잠재적 주식 구매자**

② **금융분야 언론** : 방송국 경제부 기자, 신문사 경제부 기자, 경제신문기자, 케이블 텔레비전의 경제 채널, 통신사, 경제 잡지 기자, 외국 언론 등

③ **통계 자료 센터** : Standard and Poor's. Moody's Investor Service

④ **정부 및 공기관** : 한국 은행, 감사원, 증권 거래소 등

(4) 목표 설정

① **효과목표(Impact objectives)**

IR 프로그램에서 목표는 효과 중심(impact)이든가 결과물 중심(output)형태로 설정할 수 있다. 이 목표는 가능하면 구체적이고 수치로 정확하게 설정되어야 한다.

- 투자자들에게 회사의 발전에 대한 지식을 높이기 위해서
- 회사에 대한 호의적 태도를 30% 향상시키기 위해
- 예비 투자자들에 대하여 회사에 대한 관심도를 40% 창출하기 위해
- IR 프로그램을 통해 올해 연말까지 20% 이상의 투자자금 유도를 위해
- 주식 보유자와 다른 잠재 투자자들로부터 45% 이상 나은 반응을 얻어내기 위해서

② **결과목표(output objectives)**

결과 중심의 목표 설정은 프로그램 재원과 커뮤니케이션 형태를 어떻게 배분하고 실행할 것인가하는 문제를 말한다. 예를 들면 다음과 같다.

- 회사의 보도자료(news release)를 12개 주요 언론사에 배포한다.

- 증권 분석가들 상대로 3월에서 4월까지 18번에 걸친 발표회를 가진다.

　대개의 PR실무자들은 위와 같은 결과물 중심의 목표를 선호한다. 이런 형태의 목표는 PR실무자가 무엇을 해야 하는지보다 명확하고 실행 후 평가하기도 아주 단순하기 때문이다.

(5) 프로그램 만들기

　다른 PR프로그램처럼 IR에서 프로그램은 주제와 메시지 계획, 특별행사 실행, 미디어 접촉, 커뮤니케이션 실행 등으로 구성될 수 있다.

　① **주제와 메시지 선정** : IR프로그램에서 주제선정과 메시지 개발은 상황에 따라 다르다.

　② **특별행사실행** : 주주들 연례회의, 주주와 분석가들을 위한 open house, 금융분야 종사자 모임, 금융분야 전문가 초청 세미나, 특정 회사나 공장 tour, 금융분야에서 회사 이미지 향상을 위한 프로모션 행사

　③ **미디어 접촉 / 각종 자료 제작 및 배포** : 보도자료 배포, 투자자와 잠재투자자 상대로 하는 회사 실적 등에 관한 자료배포, 신규사업 분야 및 투자 관련 정보 제공

　④ **효과적 커뮤니케이션**

　IR에서 최적의 커뮤니케이션 원칙은 정보원의 신뢰(source credibility)와 수용자 참여이다.

　금융분야에서 가장 많은 노력이 쏟아지는 곳은 회사의 신뢰도를 높이는 분야이다. 경제관련 언론, 증권분석가, 주식보유자, 예비 주식구매자들은 모두가 회사에 대한 호의적 이미지를 갖고 있어야 한다. 따라서 회사의 신뢰도는 최고의 관심 사항이다.

　수용자의 참여도 역시 중요한 프로그램 요소이다. 예비투자자, 경제 언론, 증권분석가들이 초대되어 온 후 참여의 최종형태는 주식을 구매하는 일이다.

(6) 평가

　IR프로그램의 평가는 최초에 세운 목적과 목표에 근거한 것이어야 한다.

5장
마케팅 PR(Marketing PR)

◈ 마케팅 PR의 과정은 어떠한가?

◈ 마케팅 PR의 유형은 어떠한가?

1. 마케팅 PR의 등장배경

광고만으로는 마케팅 문제를 더 이상 충분한 정도로 해결하는 수단이 못 되는 시장상황이 되었다. PR수단을 동원해서 마케팅에 기여하는 잠재력을 증대시켜야 한다. 동시에 광고 캠페인에 지불되는 비용이 효과에 비해 지나치게 많다. 또한 광고메시지는 목표수용자에게 거절당하는 정도로 많이 쌓여 있고 그 결과로 효과가 감소하고 있다. 따라서 비용대비 효과가 좋은 프로모션 수단에 대한 관심이 커지는 가운데 마케팅 PR이 등장한 것이다.

전통적이 PR활동이 마케팅에 제공하는 혜택을 보자.

- 브랜드나 기업에 대한 공신력 및 신뢰도를 증가시킨다.
- 광고가 한 지면이나 시간대에 쌓여 있어서 수용자가 기피하는 현상을 피할 수 있다.
- 비용이 비교적 저렴할 수 있다.
- 메시지 접근이 어려운 수용자에게도 메시지 노출이 가능하다.
- 소비자 이외의 공중에게도 메시지 전달이 가능하다.
- 문제에 대해 사전에 조치를 취하는 전향적(proactive) 접근방식을 취할 수 있다.
- 법적 규제가 적다.

좀 더 구체적으로 그 혜택을 정리하면 표와 같다.

그림 3.5.1. 목표수용자와 마케팅 혜택

목표 수용자	수단	마케팅 혜택
고객	뉴스 릴리스 이벤트 스폰서 쉽 온라인 커뮤니케이션	브랜드 인지도 증대 판매증가를 위한 메시지 공신력 증대
종업원	뉴스 레터 사회 봉사활동 Feed back	종업원 사기 향상
원자재 공급자	업계기사 인센티브	고객 선호 지위 확보 정시 배달 원자재의 적절한 분배로 생산 및 유통의 효율 증대
지역사회/ 일반공중	뉴스 릴리스 공장 방문 지역사회 활동 후원	우수 인력 확보 지역사회와 갈등 완화
정부	로비 뉴스 릴리스 DM 온라인 커뮤니케이션	기업에 호의적 법률 제정 규제 완화로 기업 기회 제 공
금융권	보고서 뉴스 릴리스 DM 온라인 커뮤니케이션	주가 상승 신용도 향상

그림 3.5.2. 마케팅과 PR 간 관계별 유형

		Public Relations	
		약함	강함
마케팅	약함	유형 1 보기 : 소규모 서비스 대행사	유형 2 보기 : 병원, 대학
	강함	유형 3 보기 : 소규모 제조업체	유형 4 보기 : 중대형 기업

2. 마케팅, Marketing PR, Corporate PR의 수단

- 마케팅

  시장조사, 시장 세분화, 제품전략, 가격전략, 유통전략, 프로모션 전략, 고객 정책, 광고전략, 판매촉진, 인적 판매

- Marketing PR

  언론에 보도화, 스폰서 활동, 각종 이벤트, 고객 서비스, 각종 인쇄물 발행, Media Event, Media Relations

- Corporate PR

  언론홍보, 투자자 관계, 정부관계, 지역사회 관계, 노사관계, 소비자 관계, 기업광고

MPR은 일반적 마케팅 상황에서 소비자에게 영향을 주려는 시도로 이용된다. 4P의 요소 중 특히 프로모션을 지원하여 판매에 도움을 주는 활동이다. MPR은 마케팅 목표를 달성하기 위하여 PR의 전략과 전술을 이용하는 것이다. MPR의 목적은 인지도를 높이며, 구매를 자극하고, 커뮤니케이션을 장려하고, 소비자와 기업과 상표간 관계를 형성해 가는 것이다.

CPR은 Mega마케팅 상황에서 시장에 진입하기 위해 소비자가 아닌 다양한 공중들에게 영향을 미치기 위한 PR활동을 말한다. CPR의 기능은 기업 경영 관리의 한 기능으로 작용한다. 반면에 MPR은 마케팅활동을 위한 것으로 보면 된다.

다음은 MPR이 적용될 수 있는 상황들이다.

- 기업이 리딩기업으로서 혹은 전문성을 강조하여 기업포지셔닝을 할 필요가 있을 경우
- 소비자의 신뢰나 확신을 구축해야 할 경우
- 신제품을 시장에 알리기 위해서
- 기존 제품을 변경하거나, 재포지셔닝하거나 혹은 다시 시장에 진입시키고자 할 경우
- 기존 제품에서 새로운 이점을 강조하는 커뮤니케이션을 하고자 할 경우

- 새로운 시장을 개발하기 위해서
- 2차적 시장에 제품을 진입시키기 위해서
- 취약한 시장에 진입하여 브랜드를 강화시키기 위해서
- 광고 캠페인 전 광고나 제품에 대한 뉴스를 만들어내기 위해서
- 광고 자체에 대한 뉴스 거리를 만들어 볼 필요가 있을 때
- 제품에 대한 부가적 혜택을 강조해서 전달함으로 광고에 힘을 실어주기 위해
- 광고할 수 없는 경우 제품을 소비자에게 노출시키기 위해서
- 여론 지도층(Opinion leaders)에게 영향을 미치기 위해서
- 광고 매체 이외의 수단을 이용하여 상품에 대한 인지도, 태도를 높이기 위하여
- 마케팅 컨셉트를 시험해 보기 위해
- 세일즈 프로모션 프로그램을 강화, 지원하기 위해
- 지리적으로 정의된 시장에 침투하기 위해
- 심리적으로 정의된 시장에 침투하기 위해
- 소수 민족 시장에 기업이나 브랜드를 침투시키기 위해
- 지역 소비자에게 맞는 마케팅 프로그램을 만들어내기 위해
- 경쟁사, 경쟁제품과 차별화시키거나 구별시키기 위해
- 소비자에게 도달할 새로운 매체와 수단을 창출하기 위해
- 시장에서 크게 부각되는 이슈들이 브랜드에 어떤 영향을 미치는지 알아보기 위해
- 마케팅 목표를 성취하기에 부정적인 그룹들과 마케터 사이의 커뮤니케이션 채널을 열기 위해
- 제품을 위험 부담에서 방어하기 위해
- 유통을 확장하기 위해
- 판매 문의를 많이 하도록 유도하기 위해
- 판매원들의 사기를 높이기 위해
- 중간 유통업자들의 협조를 얻어내기 위해

1) MPR 유형

(1) 전향적 PR(Proactive PR)

공격적이고 문제해결보다 기회요인을 추구하는 방향에 중점을 둠. 특정 브랜드의 장점을 커뮤니케이션 하는 수단으로 광고 및 기타 촉진활동과 함께 연계하여 사용함.

제품 도입기기와 제품 변경시점에 가장 필요함. publicity가 전형적인 수단임.

◎ publicity 유형

① **제품공개** : 신제품을 알리고 제품의 특징과 편익에 대한 정보제공
② **경영인 진술 공개** : 최고경영자나 간부의 메시지를 인용하는 뉴스
③ **특집기사** : 제품에 대한 구체적인 기사나 뉴스가치가 있는 프로그램을 인쇄매체나 방송매체, 인터넷 사이트에 게재하는 것.

(2) 반향적 PR(Reactive PR)

외부 영향력에 대한 반응으로서 PR활동을 의미함. 경쟁상황이나 소비자 태도의 변화, 정부 정책의 변경 등의 외부자극, 압력의 결과에 의해 시행하는 경우가 많음.

주로 사건, 사고나 정부의 정책변화 등으로 기업이나 조직의 활동에 제약이 발생할 경우에 취하는 방법.

2) MPR 과정

(1) 전형적 MPR 기획

① **상황분석** : 문제규정
주요내용 : 제품분석, Target market 정리, 시장환경 정리
- **주된 PR의 질문**
지금 어떤 일이 일어나고 있는가?
- **구체적인 MPR질문**
제품은 무엇인가?
그 제품이 소비자에게 주는 편익은 무엇인가?

그 제품의 가격은?

만약 기존제품이라면 무엇이 메시지인가?

만약 신제품이라면 무엇이 메시지인가?

② 기획 및 프로그래밍

　주요내용 : 마케팅 목표, MPR 목표, MPR 전략, MPR 전술(메시지, 미디어, 프로그램, 일정표, 효과 측정/평가)

- 주된 질문

　무엇을 해야 하나? 그리고 왜 그 일을 해야 하나?

- 구체적 PR 질문

　우리가 성취해야 할 것은 무엇인가?

　MPR프로그램 목표가 어떻게 마케팅 목표를 보조할 수 있을까?

　우리의 공중은 누구인가?

　공중에 대해 우리는 무엇을 알고 있는가?

　그들과 어떻게 커뮤니케이션 할 것인가?

③ 집행 및 커뮤니케이션

- 주된 질문

　어떻게 행동을 취하고 말할 것인가?

- 구체적 PR질문

　각각의 목표 그룹에게 도달하는 데 사용될 프로그램은 무엇인가?

　각각의 프로그램이 어떻게 집행될 것인가?

　프로그램 집행을 위한 자료는 무엇인가?

　매체 계획은 어떤가?

　실행 일정은 어떤가?

④ 프로그램 평가

- 주된 질문

　우리는 어떻게 업무를 수행했는가?

- 구체적인 PR질문

　MPR 목표를 어떻게 충족시켰는가?

MPR 목표를 얼마나 달성했나?

목표공중에게 정확하게 메시지가 도달하였는가?

얼마나 많은 목표공중에게 메시지가 도달했는가?

도달비용은 어떠했나?

(2) MPR기획

① DATA BASE에서 출발

소비자 정보를 활용하여 마케팅에 필요한 정보 분석 준비

② 고객 분석

Data base에서 찾아낸 마케팅 문제를 해결할 대상을 찾아낸다. IMC에서는 세분화된 소비자를 나누어서 목표고객으로 하기보다 통합시킬 수 있는 비슷한 소비자층으로 묶어보려는 시도를 해야 한다.

소비자를 분석하는 내용은 다음과 같다.

- **손실분석**

어떻게 신규고객을 창출했고 고객을 잃은 이유는 무엇인가?

- **프로파일분석**

가장 이상적인 고객들의 프로파일을 정하고 분석한다.

- **반응분석**

마케팅 커뮤니케이션 프로그램, 혹은 판촉 프로그램의 효과는 어떠했는지를 고객의 반응을 조사해서 알아본다.

- **구매패턴분석**

구매의 계절성, 가격에 대한 구매 경향, 고객의 라이프스타일에 따른 구매경향, 지불방법 등을 알아본다.

- **상표접촉분석**

상표를 알게된 경위, 구매 전 정보 입수 경로, 제품 정보 원천

- **소비자관심분석**

주요 관심사가 무엇인지, 구매 동기, 사회이슈들에 대한 의견 등

③ 커뮤니케이션 전략, 전술 선택, 실행 단계

목표 고객을 설득할 메시지, 매체에 대한 전략을 세우고 실행하는

중요한 단계이다.

커뮤니케이션 전략 수립에 필요한 내용은 다음과 같다.

- 고객의 상표접촉점 알아내기 : 4대 매체의 경우 광고인지 신문의 기사인지 방송프로그램 인지 등. 아니면 그 외 매체일 경우 무엇인지 알아본다.
- 상표 접촉점 조사를 통해 MPR 수단 선정

④ 투자 수익률 측정
- 매출 조사를 통한 직접 수익률 조사
- 광고 등을 통해서 얻은 커뮤니케이션 효과 등 조사

3) MPR의 세 가지 전략

전통적으로 마케팅 전략에서 밀기(push)와 끌기(pull)에다 넘어가기(pass)를 추가하여 세 가지를 MPR전략으로 활용한다.

(1) 밀기 전략(Push)

세일즈 프로모션, 판매사원 활용한 직접판매 활동 등을 사용하여 유통경로에 자사 제품을 밀어넣는 전략을 말한다. 제조업자는 도매업자에게, 도매업자는 소매업자에게 소매업자는 소비자에게 제품을 내보내는 활동을 일컫는다. 기업의 측면에서 보면 중간유통업자들이나 판매사원들이 효과적으로 마케팅을 할 수 있도록 지원하는 것이 밀기전략의 핵심이다. MPR에서 활용할 수 있는 수단들은 다음과 같다.

- 유통망에 있는 가맹점주를 상대로 하는 이벤트
- 신제품 출시에 필요한 안내자료
- 판매활동에 필요한 추가 자료
- 판매사원들이 소비자에게 직접 제시할 수 있는 소책자나 신문자료, 혹은 잡지기사, 비디오자료

(2) 끌기(Pull)

소비자를 대상으로 하는 광고나 판촉활동을 통해 수용를 창출한 후 소비자를 제품 쪽으로 끌어당겨오게 하는 전략을 말한다. 밀기 전략의 반대과정의 활동을 말한다. 즉 이 전략대로 하면, 소비자가 소매점에서

제품을 찾게 되고, 소매점은 도매상으로 끌려가고, 도매상을 제조업에게 끌려 제품을 구하게 되는 결과를 낳는다. 일반적으로 대중매체를 통해 제품정보를 대량으로 확산시키는 활동이 이 전략에 포함되지만, 이벤트나 전시회 등도 여기에 활용될 수 있다. 이벤트나 전시회 등으로 대중매체가 기사화 한다든지 하여 제품정보를 널리 알리게 되기 때문이다.

(3) 넘어가기(Pass)

마케팅 환경이 복잡해짐에 따라 최종소비자가 제3의 사람들이나 단체들이 기업의 제품이 시장에 진입하는 것을 방해하는 경우가 있다. 이들 집단의 장벽을 뛰어넘어가야 제품이 시장에 무사히 진입할 수 있다. 여기서 제3의 집단이란, 언론, 정부, 국회나 국회의원, 각종 시민단체, 정당 등이 될 수 있다. MPR의 역할을 마케팅 담당자로 하여금 이들 방해집단의 방해활동을 넘어서는 전략을 구상해야 한다.

넘어가기 전략을 성공시키려면 소비자나 이들 방해집단이 중요하게 관심을 두고 있는 사회적 주제에 대하여 해당제조업자인 기업이 어떤 입장을 취할 것인지를 잘 결정해야 한다.

그림 3.5.3. MPR의 밀기, 끌기, 넘어가기 전략과 전술

밀기(push)	소매상 중간도매상 도매상	소매대상 이벤트 업계동향 자료 배포 관련 신문, 방송자료 배포 정기 간행물 배포
끌기(pull)	소비자 최종사용자	MPR형 이벤트, open house 제품정보 기사화, PPL 전시회, 견본제품, 제품시연회 각종 소비자 조사, 기업 세미나 정기 간행물 발행 및 배포
넘어가기(pass)	언론 정부 국회 NGO	주요 이슈에 대한 기업 의견 발표 광고활동, 자선사업, 각종 행사 후원

6장

공공정보 캠페인과 사회마케팅
(Public Information Campaign and Social Marketing)

◈ 공공(정보) 캠페인이란?
◈ 사회마케팅 접근은 무엇인가?
◈ 사회마케팅 목표와 전략은 어떤 것이 있나?

1. 공공(정보) 캠페인이란?

"비영리 기관이나 공공기관이 공익적 차원의 특정한 사회적 주제에 대하여 이해관계가 성립된 집단을 상대로 치밀히 계획되고 특정한 커뮤니케이션 목표달성을 위해 벌이는 종합적 커뮤니케이션 활동"을 공공 캠페인이라고 정의를 내릴 수 있다. 대개 캠페인 활동이 구체적이고 특별한 커뮤니케이션 효과를 얻어내려고 하는 만큼 일반적으로 특정한 기간도 결정되어야 한다. 여기서 종종 혼란스러운 개념이 공중(Public), 대중(Mass), 그리고 군중(Crowd)에 대한 것인데 다음과 같이 구별해 볼 수 있다.

군중	일정장소에 모인 국지 집단 일시적, 일회적 모임 일시적 목표가 있어서 지휘부가 요구함 집단 영속성 존재하지 않음
대중	지리적 제한 없음 대중매체로 연결된 집단 거대 사회속에 여러 관계로 유지 익명 이질적, 상호작용 없음
공중	공간적 제한 없음 특정주제와 이해관계가 있거나 표시하는 집단 집단의 영속성 존재함

1) 공공 캠페인이 실패하는 이유
① 공공캠페인 주제에 대하여 공중들이 전혀 모르거나 공중들에게 적절한 정보를 도달시키지 못한 경우
② 공중 가운데 많은 비율이 해당 주제에 대하여 관심을 기울이지 못할 경우
③ 공중에게 공중이 필요한 적절한 정보를 제공하지 못했을 때
④ 공중들이 전해받은 정보에 대하여 캠페인 주최측과 다른 해석을 하고 메시지를 선택적으로 받아들일 경우
⑤ 공중들의 주제에 대한 사전 정보수준이나 태도나 가치관에 대하여 적절한 지식이 없을 경우

2) 성공하는 공공캠페인
① 공중의 주제에 대한 관심과 정보습득 정도를 정확히 이해해야 함.
② 캠페인 목표설정을 합리적 수준으로 설정해야 함.
③ 목표 공중을 적절하고 세밀하게 세분화할 것.

2. 사회마케팅 접근

사회마케팅은 "하나 이상의 목표 수용자 집단의 사회적 관념, 사회적 주제의 실행 및 수용성을 높일 목적으로 특정 프로그램을 설계, 이행 및 통제하는 사회적 변화관리기술(social-change management technology)"이라고 할 수 있다. 사회마케팅에서 목표수용자들의 반응을 극대화하기 위해 시장세분화, 수용자조사, 제품컨셉트 개발 및 조사, 방향성 있는 커뮤니케이션, 프로모션, 인센티브 및 교환이론의 개념들을 활용한다.

1) 사회마케팅관리의 중요 개념
① **마케팅 철학** : 사회마케팅을 기획하고 실천하는 주체 혹은 조직의 철학을 의미한다.
② **이윤 중심의 방향** : 단순히 재정상의 이윤만을 의미하는 것이 아니고 취업의 기회 향상, 직업 만족도 향상, 행복 지수 향상 혹은 영아 사망률 낮추기 등의 사회적 의미를 생산해낼 수 있는 방향을 뜻한다. 즉 비용 대비 목표수용자에게 전해진 혜택을 고려해야 된다는 것이다.
③ **마케팅 믹스** : 전통적으로 4Ps 즉 Product, Price, Place and Promotion/Promotion에 해당하는 요소들이 어떻게 구성되었는가?

④ **커뮤니케이션 목표의 구성** : 사회마케팅 믹스 프로그램이 적용되어 목표수용자로 하여금 반응하고 참가하여 최종적으로 얻게 될 커뮤니케이션 차원의 효과는 무엇인가?

⑤ **목표수용자 나누기** : 마케팅 프로그램에서 실시하는 전통적인 소비자 조사에 해당함.

⑥ **목표 수용자가 포함된 시장 이해하기** : 수용자 집단을 총체적으로 알아보기

⑦ **정보전달과 신속한 피드백 시스템 구축** : 정보전달을 위한 조치와 시스템, 그리고 그에 상응하는 대처방안과 시스템

⑧ **대인 커뮤니케이션과 매스 커뮤니케이션의 상호 작용**

⑨ **상업 차원의 재원 활용하기** : 일반 시중의 영업망 활용하기, 시장조사, 언론사 소유주, 방송제작사 등 활용하기

⑩ **경쟁 환경 이해하기** : 시간, 재정, 실행하고자 하는 주제의 사회적 반응 등의 차원에서 시장의 다른 프로그램과 관계에서 어떠한지를 이해하기

⑪ **성공에 대한 기대수준** : 실행 프로그램이 가져다 줄 최종 목표를 적절한 수준으로 설정하는 것을 말함. 수용자의 태도형성과 변화, 행동시도와 행동 변화 등과 관련.

2) 사회마케팅 전개과정

사회마케팅 환경분석 → 목표 수용자 집단 조사와 설정 → 사회마케팅 목표 & 전략 구상 → 사회마케팅믹스 프로그램 기획 → 사회마케팅 조직 구성, 실행 및 관리 → 사회마케팅 실행에 대한 평가

3) 사회마케팅 환경분석

실행하고자 하는 주제와 관련된 사회적 환경을 알아보는 것이다.

특정한 양식이 있는 것은 아니지만 두 가지 형태로 분석해볼 수 있다.

첫째는 기사 작성에 흔히 적용하는 5W 1H 적용 방법이다.

① WHO : 실행하고자 하는 주제와 관련된 사람은 누구인가? 어떤 집단들이 연관되어 있는가?

② WHAT : 주제와 관련하여 이들은 무엇을 원하는가?

③ WHEN : 캠페인 실행에서 시간적 요소가 어떻게 작용할 것인가?

하루 중에는 어느 시간대, 어떤 계절, 어떤 해가 좋은가?

④ WHERE : 캠페인 주제와 지리적 연관성은 어떤가? 지역 내에서, 전국 차원에서 혹은 세계적으로는 어떤 연관성이 있는가?

⑤ WHY : 공중들이 캠페인 주제에 관심을 보이는 이유는 무엇인가? 관심을 보이지 않으면 그 이유는 무엇인가?

⑥ HOW : 캠페인 주제는 수용자와 사회적으로 어떻게 다루어져왔고 현재는 어떤가?

두 번째 방법은 PEST 적용이다.

① Political : 캠페인 주제와 정치적 환경과의 관계를 분석하는 것이다.

② Economical : 캠페인 주제와 경제환경과의 상황을 알아보는 것이다.

③ Social : 캠페인 주제와 사회적 환경의 연관성을 알아보는 것이다.

④ Technological : 캠페인 주제와 기술적 환경과의 관계를 분석해보는 것이다.

4) 수용자 조사와 목표수용자 설정

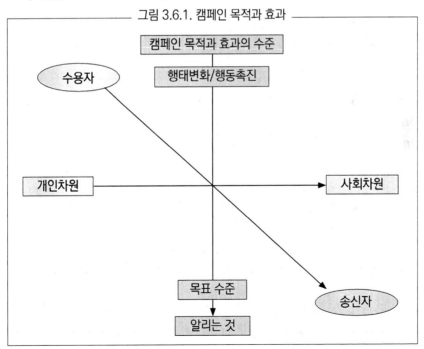

그림 3.6.1. 캠페인 목적과 효과

그림 3.6.2. 사회마케팅 프로그램의 위치 보기 : 운동하기에 따른 부문별 위치

위 그림 캠페인 목적과 효과의 수준에서, 캠페인의 목표를 개인차원으로 할 것인지 혹은 사회차원으로 할 것인지에 따라 목표대상이 조정될 수 있다는 것을 알아야 한다.

그리고 캠페인의 목표를 인지하게 하는 것(알게 하는 것)으로부터 행동하게 하는 것까지 어떤 형태나 수준을 얻고자 하는지를 결정해야 한다는 것을 말한다.

사회마케팅 프로그램의 위치 보기 그림에서는, 목표수용자를 향한 특정 캠페인의 포지셔닝을 어떻게 할 것인지를 생각해 보게 하는 것을 말한다.

즉 목표 수용자들이 캠페인 참여를 통해 얻게 되는 혜택의 수준이 어떠한지 그리고 그 혜택을 얻기 위해 수용자들이 치러야 할 대가의 수준은 어떤 것인지 고려하라는 말이다.

3. 사회마케팅 목표와 전략

1) 사회마케팅 프로그램 개발

(1) 제품 개발

① 시장진입 가능성 기준에 따라

제품유형	수용자 상황	마케팅 방향
신제품 (시장진입이 쉬움)	잠재 수요 자극	수요를 개발함
우수한 제품 (시장진입이 다소 쉬움)	다른 제품보다 우위의 경우	수요의 부분 만족
대체 재품 (시장진입 어려움)	수용자 욕구 불만족	실질·기본욕구를 위한 제품 제공

② 마케팅 목표의 복잡성 기준에 따라

- 유형적 제품 : 마약 중독 치료를 위한 특별 기구 치료
  가족계획을 위한 피임기구 등
- 무형적 제품 : 글 읽고, 쓰기 훈련, 금연이나 인권문제

③ 수용자의 프로그램 수용 정도에 따라

- 수용자의 관념(신념, 가치관 등)
- 수용자의 태도(호감도, 태도변화 등)
- 수용자의 행동(행동변화, 행동강화 등)

(2) 제품 포지셔닝

사회마케팅에서 제품포지셔닝은 프로그램의 핵심에 필요한 제품의 성격을 어떤 방향으로 설정할 것이냐 하는 문제이다.

사회마케터는 어떤 제품 포지셔닝이 각각의 목표수용자를 위해 최적일까를 결정해야 한다.

목표수용자의 주된 욕구가 무엇인가를 확인해야 하고, 그 욕구들을 충족시켜줄 제품이익을 개발하는 과제가 포함된다. 이 두 가지 과제는 제품 특성도를 높여주고 수용자에게 동기부여를 위해 반드시 필요하다.

〈보기〉 가족계획 프로그램의 경우를 보면, 목표수용자들에게 "가족계획"이 제품 컨셉트가 되고 남녀 피임기구가 유형의 제품이 된다. 여기

서 여성 피임제품인 다이아프램은 피임약의 부작용을 피하려는 욕구이고 남성의 콘돔은 원하지 않는 임신을 막기 위한 남편의 욕구일 가능성이 높다.

이 경우 제품의 제품명(상표명)이 중요한 문제로 등장한다.

상품명의 네 가지 요건을 보자.

① 상표명은 발음, 인식, 및 기억하기 쉬워야 한다.

② 상표명은 제품일 제공하는 이익을 알 수 있어야 한다.

③ 상표명은 제품의 질이나 소구(appeal)를 밝힐 수 있어야 한다.

④ 상표명은 차별성이 있어야 한다.

(3) 제품유통경로

사회마케팅에서 제품유통 경로라는 것은 '제품을 생산지점에서부터 소비지점으로 움직여 가는 일에 관여된 기관이나 대리점'으로서 수용자가 사회마케팅의 제품을 접촉하게 할 수 있는 네트워크를 말한다.

TV, 라디오, 신문·잡지 등의 각종 인쇄물, 인터넷, 행사, 옥외 광고물, 혹은 자원봉사자, 시민단체 등이 이에 해당한다.

(4) 채택비용

목표 수용자가 사회마케팅 프로그램의 제품을 받아들이는 데 들이는 화폐적 비화폐적 비용을 모두 포함하는 것이다.

① **시간 비용** : 프로그램의 제품을 얻거나 채택하는 데 필요한 시간 즉 기회비용이다.

② **지각된 위험** : 사회마케팅은 수용자의 지각된 위험을 감소시켜 주는가?

(5) 프로모션

사회마케팅 프로그램을 전달하는 메시지 구성을 말한다.

창의적고 효과적인 메시지 기획 및 제작과 과학적인 media mix 전략 및 전술이 이 과정에 요구된다. Creativity와 media mix를 효율적이고 효과적으로 기획하고 집행하는 것을 말한다.

2) 사회마케팅 조직 구성, 실행 및 관리

◎ 사회마케팅 조직과 주요 업무

조직명	일반적 차원의 업무	사회마케팅의 업무
사업부	표준화된 서비스 품질관리 서비스 하는 동안 목표수 용자로부터 불간섭	고객서비스 엄격한 품질관리 넓은 서비스 라인 목표수용자 적극참여
조사부	설계와 이행을 위한 긴 준비시간 본질적으로 과학적·심미 적으로 설계 및 분석	설계와 이행에 짧은 시간 실용주의적 설계
인사/인적자원부	시작 이전에 완전한 문서 와 서식 장기적 준비와 훈련 직무수행에 대한 체계적 인 서면평가	즉각 시행 문서나 다양한 서식 무시 직장훈련, 현장에서 평가
조달부	표준공급품과 원료·가격 에 대한 관심 비용지출을 최소화하기 위한 경제적 생산규모	비표준 공급와 원료 품질에 대한 관심 품절을 피하기 위한 다량 생산규모
재무부	엄격·확고한 예산 조직 전반에 걸친 보고서	변화하는 욕구 충족을 위 해 융통성 있는 예산 프로젝트나 목표수용자에 대한 특별보고서
법률담당	문서화 규제, 제한, 제약 내용 법문서	행동가능성/소송가능성 법의 정신

3) 사회 마케팅 평가

두 가지 평가 과정이 중요하다.

- 캠페인(사회마케팅)은 의도한 변화를 일으켰으며 변화를 유도한 다른 요소들은 무엇인가?

- 캠페인은 의도한 목적·목표 달성을 위해 올바른 수단을 사용하여 사회적 윤리적 측면에서 바람직한 변화를 이루었나?

(1) 영향 평가(impact evaluation)

'사회마케팅이 어떤 주목할 만한 결과를 가져왔는가, 그리고 어떻게 해서 그런 결과를 만들게 되었는가?'에 대한 답을 찾아내는 것이다.

대개, 인과적 고리를 알아보는 인과관계 평가가 그것이다.

과정평가 - 아래 두 가지 질문에 대한 답을 찾아보는 것이다.

- 프로그램의 각 요소는 결과에 대하여 어느 정도, 어떻게 영향을 미쳤는가?
- 목표 수용자들의 상황과 행동에 있어서 얻어진 결과를 프로모션하거나 방해한 것은 무엇인가?

(2) 윤리적 평가(ethical evaluation)

프로그램의 윤리적 성격의 결정을 알아보는 것이다.

- 프로그램 영향의 윤리적 결과에 관한 내용
- 얻어진 변화는 프로그램 목표의 정당성 또는 바람직함을 나타내고 있는가?

보기 - 목표수용자 선택과정에 생긴 윤리적 문제는 어떤가?

- 프로그램 실천과정에 동원된 수단이 윤리적이었는가?

7장
공익광고

◆ 공익광고의 정의
◆ 공익광고의 역사 : 미국, 한국, 한국 공익광고의 성장단계와 주제 변천
◆ 공익광고의 성립요건과 광고주 유형
◆ 공익광고의 제작
◆ 공익광고의 효과에 관한 이론적 고찰
◆ 공공 캠페인과 사회 마케팅(social marketing)

1. 공익광고란 무엇인가?

70년대는 환경, 자원 등을 광고표현의 토대로 삼아 인간회복을 주장한 '사회 마케팅(social marketing)의 시대'로 규정할 수 있다. 이 사회 마케팅이야말로 오늘날 공익광고의 토대가 되었다고 할 수 있다. 그리고 이를 뒷받침한 이론이 '사회마케팅'이다. 그 후, 1980년대에는 문화마케팅(culture marketing), 1990년대에는 환경마케팅(green marketing) 등이 사회 환경의 변화를 배경으로 등장했다.

이러한 경향은, 정부, 관공서, 지방자치단체, 제3섹터 등의 공익광고, NGO, NPO 등을 포함한 각종단체, 매스미디어가 자체적으로 실시하는 공익광고, 광고회사와 신문사 등이 기획하는 연합광고 등에도 뚜렷이 나타나게 한다.

오늘날 광고주들은 자사 광고에 공공성을 가미하는 것이 상식이 되었다. 대부분의 광고가 기업이미지의 확립, 신뢰성의 향상을 목적으로 상품과 사회, 기업과 사회와의 접점을 컨셉트로 내세우고 있는 것이다. 공익과 연계

하는 것이 효과가 있기 때문이다. 미국 광고협의회(Advertising Council)에 따르면, 공익광고 제작을 위해서 '기업은 자금을, 신문과 TV 등의 미디어는 지면과 시간을 제공하고, 광고회사는 크리에이티브로 협력한다'고 한다. 즉 '모든 기업이 갖고 있는 지식과 능력을 자발적으로 내어 공익을 위해 봉사한다'는 것을 전제로 하기 때문이다. 그러므로 이러한 캠페인의 성과는 어느 특정 기업이나 어느 정당의 것이 아니라 어디까지나 일반 대중의 이익으로 환원된다는 것이 가장 큰 특징이다. 앞으로의 공익광고는 광의로든 협의로든 공익광고를 통해서 보다 적극적으로 사회적 공헌을 하려는 것이 활동의 기본이 되어야 한다.

세계 광고 협회(IAA)는 다음과 같이 공익광고를 규정하고 있다.

"공익광고는 광고의 한 형태로서 일반 대중의 지배적인 의견을 수용하여 사회, 경제적으로 그들에게 이득이 되는 활동 또는 일을 실행할 것을 권장하는 커뮤니케이션 활동이다"(정병섭, 리대룡, 2001).

최근 경제적 풍요와 비례하여 여러 가지 사회적 부작용을 경험하게 되면서 정부와 공공단체는 환경 문제, 과소비, 청소년 비행, 약물 남용과 같은 사회 전반에 걸친 광범위한 문제들을 해결하는 데 많은 노력을 기울이고 있다. 이러한 사회 문제들은 삶의 질적 향상을 도모하고 국민의 복지를 증진한다는 측면에서 선진사회를 지향하는 국가적 목표에 장애물이 되고 있기 때문에 더욱 중요한 문제가 된다. 이와 같은 사회적 이슈나 문제에 대해 상업적 차원이 아닌 공공의 차원에서 일반 공중에게 문제의 심각성을 인지시키고 그들의 의식 변화를 통해 사회적으로 바람직한 태도와 행동을 유도할 목적을 가진 커뮤니케이션의 형태 가운데 중요한 도구가 공익광고라 할 수 있다(김성훈·이윤미, 1996; Darian, 1993; Kotler & Zaltman, 1989; Lynn, 1973). 미국과 일본 같은 선진국에서는 경제성장의 대가로 보다 복잡하고 해결 곤란한 수많은 사회 병리현상에 직면하고 있다. 이러한 문제를 해결하기 위하여 광고의 사회적 커뮤니케이션 기능으로서 공익광고가 불가피해진다는 것을 쉽게 이해할 수 있다.

오늘날의 공익광고는 다양한 의미와 성격을 갖고 있으므로 크게 두 가지로 분류하여 이해해 둘 필요가 있다.

첫째, 넓은 의미에서의 공익광고는 주제가 공공성, 사회성을 가지고 있으며, 광고주의 영리 추구가 두드러지지 않을 경우, 광고주에 관계없이 이를 공익광고의 범주에 넣는 것이다.

둘째, 좁은 의미의 공익광고는 어디까지나 공공 활동을 실시하고 있는 비영리 단체와 정부, 지방 자치 단체 등의 광고로, 그 주제가 공공성이 높은 문제를 다루고 있는 경우만을 지칭한다. 이 경우 광고 집행 시 매체 요금이 유료인가 무료인가는 문제가 되지 않는다. 다만 사기업, 정당, 종교 단체 등의 광고는 아무리 공공적인 주제를 다루더라도 공익광고의 범주에 들지 않는다(우에조 노리오, 2005).

국가별로 공익광고를 지칭하는 용어를 살펴보자.

미국에서는 공익광고를 Public Service Advertising(PSA) 혹은 Public Service Announcements(PSAs)라고 부른다. 이 용어는 미국 사회의 밑바닥에 흐르는 봉사 정신을 강하게 반영하고 있다. 글자 그대로 번역하면 '공공 봉사 광고'가 되는데, '봉사(service)에는 사회봉사적인 색채가 너무 강해 엄밀한 의미에서 적합한 번역이라 하기 어렵다. 유럽에서는 미국의 광고협의회(Advertising Council:AC)와 같은 사회적 제도로서의 공공광고는 없으나, 그것과 비슷한 개념의 광고들은 존재한다. 프랑스에서는 La Publicit au service de la societ, 독일에서는 Werbung for social Belange, 이태리에서는 Publicit Sociale라는 용어가 사용되고 있다. 영국에서는 일반적으로 Public service communication(PSC)이나 Public service announcement(PSA)라 불리며, 이는 광고보다 홍보에 가까운 성격이다. 일본에서는 처음부터 '공공 광고'라는 말이 쓰여져온 데 비해 한국에서는 현재 "공익광고 협의회"의 전신 격인 "방송 광고 향상 협의회"가 생겼을 1981년 무렵까지는 '공공 광고'라는 단어를 쓰다가 지금의 '공익광고'로 부르고 있다. 중국에서는 '사회 광고'라는 단어로 쓰이고 있다. 사기업에서 실시하는 영리 목적의 상업광고에 비해, 공익광고는 세상을 개선하고자 하는 사회적 역할을 중시하기 때문에 이러한 명칭이 나온 것으로 여겨진다(우에조 노리오, 2005).

2. 공익광고의 역사

1) 미국

오늘날 우리가 일반적으로 생각하는 형태의 공익광고는 제2차 세계대전 직후 미국광고협의회(The Advertising Council Inc, AC)가 처음으로 시작한 것이다. 제1차 세계대전 당시의 영국군 사병모집 광고나 미국의 전의 고취 캠페인도 넓게 보면 공익광고라 할 수 있다. 공익광고를 공공을 대상으로 한 계몽적 광고라고만 생각한다면 히틀러와 레닌의 정치선전(propaganda)이나 중세의 종교선전까지도 공익광고에 포함시킬 수 있다.

그러나 오늘날처럼 국민 모두의 이익을 중심으로 생각하는 자발적인 공공광고라는 관점에서 본다면 이들은 제외해야 옳을 것이다. 따라서 오늘날의 일반적 기준에서 본 공익광고는 제2차 세계대전 당시 미국의 전시 광고협의회(The War Advertising Council Inc, WAC)로부터 시작됐다고 보는 것이 타당하다. WAC는 1942년 1월 15일 성립되었으며, 전시에 미국인들의 애국심을 고취하기 위한 공공 광고들을 만들다가, 1945년 8월 15일 종전(終戰)과 함께 평화 시에 공공 광고 활동을 벌이기 위해 지금의 AC로 전환됐다. 2차 대전 당시 미국은 국민적 통합 수단이 절실히 필요했다. 다민족국가라는 미국의 특성상 국가에 대한 충성심이 부족했고, 전쟁터가 수천 킬로미터 떨어진 바다 건너 국외지역이어서 많은 미국인들이 전쟁을 강 건너 불 보듯 했기 때문이다. 대부분의 미국 시민은 전쟁에 승리하기 위해 무엇을 해야 할지 모르고 있었다. 이러한 상황에서 WAC가 '전시에 있어 가장 위험하고 파괴적인 것은 무관심과 방심이다. 그리고 이는 평화 시에도 마찬가지이다'라는 점을 미국 국민들에게 설명하고자 광고를 집행했고, 이것이 최초의 공익광고가 된 것이다. 이 광고들의 주제는 전시채권 구매와 간호사 모집, 자연 보호 등 전쟁과 관련된 것들이었으며, WAC 측은 이를 통해 전쟁 중 국민이 무엇을 해야 하는지 알려줬다. 당시 미국에서는 전쟁에서 승리하는 것이야말로 가장 긴급하고도 중요한 공공의 문제였다.

그러나 공익광고에 있어 '공공'의 개념은 시대나 국민에 따라 커다란 차이를 보인다. 또, 공익광고의 목적과 공익광고를 통해 얻으려는 효과도 가지각색이다.

2차 대전 중 WAC의 광고 주제였던 '전쟁 협력'이라는 테마는 전쟁이 끝남과 동시에 명분을 잃었다. WHO가 지구상에서 천연두가 근절됐다고 선언했을 때의 천연두 박멸 캠페인도 마찬가지 운명에 처했었다.

또, 공공의 개념은 그 국가공동체가 처한 사회적, 경제적, 문화적, 역사적 위치 등에 따라 큰 차이를 나타낸다. 이 점에 관해서는 많은 예를 들 수 있다. 미국에서는 가난한 흑인에게 고등교육을 받게 해주려는 '흑인대학연합기금(United Negro College Fund)', 미국의 젊은이들을 개발도상국에 보내 교육, 의료, 노동 활동 등을 벌이자는 '평화부대(Peace Corps)', 언론 자유의 중요성을 호소하는 '자유 언론(Free Press)', 미국 내의 문맹들을 대상으로 글을 가르치는 '문맹퇴치(Launback Literacy Action)' 등의 캠페인들이 대표적인 것이다. 그러나 다른 나라에서는 이런 주제들을 거의 공익광고에 채택하지 않고 있다. 영국의 군대모집 광고와 한국의 국가안전보장 캠페인 등도 각 나라에 있어서는 중요한 주제이지만, 공익광고의 장르에 넣어야 하는가를 놓고 의견이 분분하다(우에조 노리오, 2005).

공공 광고 기관인 AC(Advertising Council:광고협의회)는 1942년대에 탄생되었던 전시공공광고협의회(War Advertising Council)가 1945년 전쟁이 끝나면서 시작된다. 그러나 이미 1930년대의 사회 경제적인 분위기에 의해서 태동의 기운을 알 수 있으며, 그 당시의 미국은 일반사회와 경제계의 일각에서까지 광고의 역할에 대한 인식이나 평가가 그다지 높지 않았다. 특히 루즈벨트 대통령의 뉴딜정책의 영향을 받아 광고에 대한 비판이 높아지고 그 규제를 촉구하는 여론의 소리가 높았다. 이에 광고계와 산업계는 힘을 합하여 광고를 공익적으로 활용하고자 하는 의지가 생겨났으며 "제품을 팔기 위해 설득하는 광고의 커뮤니케이션 기술에 응용심리학을 함께 활용함으로써 대중의 건강, 주거개선, 빈촌(slum) 퇴치 등 많은 분야에 걸쳐 이들을 깨우치기 위한 교육을 전개할 수 있을 것이다."라고 제안되었다. 직접적인 출발 계기는 1941년 Virginia주 Hot spring에서 미국 역사상 처음으로 광고계와 산업계, 그리고 각 매체사의 대표들이 한자리에 모인 합동회의석상에서 이루어졌다고 할 수 있겠다. 미국의 공익광고를 논할 때는 어김없이 서두에 인용하게 되는 유명한 제임스 웨브 영(James Webb Young)의 연설이 현장에서 이루어지기도 했다. 그는 광고의 커뮤니케이션 기능을 광고주에게 이익을 가져다주는 것만으로는 이미 사회적으로 그 존재가치를 정당화하기 어려우며 광고의 기술이나 수단을 동원하여 비영리적인 정보나 공익사업의 일환으로 사용하여야 한다는 공익광고의 가치를 주창하는 역사적인 연설을 했던 것이다.

공익광고의 탄생 배경이나 성립 동기를 자세히 살펴보면 그 나라 그 시대 그 상황이 만들어내는 필수적 가치와 목적을 찾아낼 수 있게 된다. J. W. Young의 새로운 착상은 널리 호응을 얻었고, 그 해 12월 7월에 있었던 하와이 진주만 기습은 마침내 전시공공광고협의회의 발족을 재촉하기에 이르렀다. WAC는 전시 상황에서 전쟁에 필요한 재원확보와 인력동원 등 국가적인 요청에 따라 국가적 단합을 유도해내는 데 매진했으며, 정부의 사업이 다양해져 감에 따라 공익광고는 전시국채의 구입권장을 선두로, 인플레 요인에 대한 자제계몽운동, 전쟁터로 보낼 헌혈, 지원병의 모집, 국민의 사기양양, 적십자 및 위문단 활동, 고철이나 폐지의 수집로부터 버터, 휘발유 등의 전쟁물자의 절약, 그 밖에도 무수한 캠페인을 중심으로 하여 활발하게 전개되었다. 이들 캠페인에는 광고대행사가 마치 일반상품광고 캠페인을 벌이듯이 제작에서 매체집행에 이르기까지 그 목적만 다를 뿐 동일한 방법으로 수행해 냈다.

전후, 이 WAC는 "나라나 인간의 문제는 전시 하에서만 문제가 아니다. 극한 상황에서 나타난 광고의 힘을 평화스러운 시대에도 계속해서 공공을 위하여 사용하는 것이 국민의 이익도 되고 광고계나 산업계를 위한 것이 된다."라는 취지에서 그 명칭을 AC로 바꾸어 오늘에 이르고 있다. 이처럼 공익광고의 탄생은 그 나라의 정치, 경제적 배경을 토대로 특수한 환경적 요인에 근거하기가 쉽다.

2) 한국

우리나라의 경우 한국방송광고공사가 1981년 7월 15일, 공익광고협의회의 전신인 방송광고 향상자문위원회를 구성한 것이 우리나라의 공익광고가 비로소 출범하는 계기가 되었다. 그 당시 우리나라는 1970년대부터 눈부시게 비약적인 경제성장을 이룩하여 세계의 주목을 받기에 이르렀지만, 그 결과를 얻어진 물질적인 풍요에 수반된 갖가지 사회적 병리현상을 경험하고 있는 실정이었다. 즉 고도로 발달한 산업사회로 가는 길목에는 일찍이 볼 수 없었던 환경파괴, 자원낭비, 무절제한 과소비 풍조, 인

138

간불신풍조, 인구팽창, 청소년비행, 시민의식상실, 법질서파괴, 전통문화의 소실 등 정신적, 사회적 가치관이 흔들리기 시작했다. 이러한 사회적 배경과 함께 1980년대 초 88 서울올림픽의 유치성공은 한국의 공익광고가 탄생하는 데 결정적인 계기가 되었다. 그리고 광고의 중요성과 광고의 힘에 대한 인식이 이미 널리 보급된 후에 84년 아시아 광고대회의 유치, 85 아시안게임의 서울 개최, 88 서울올림픽 등 국제사회에서 한국이 부각됨에 따라 국민의식의 성장이 긴요하다는 여러 요인들이 상승 작용하여 공익광고가 활발히 생겨나게 되었다.

한편, 당시의 광고계로선, 1984년 6월의 아시아 광고대회를 목전에 두고 광고에 대한 사회적 인식과 광고인의 사회적 지위향상이라는 지상과제를 안고 있었으며, 1981년 2월 1일 발족한 한국방송광고공사가 국제관례에 따른 광고대행사의 수입원인 전파광고 대행수수료 15% 중 7%를 언론공익사업과 문화예술진흥사업에 전용하면서, 광고계를 위해서도 무엇인가 사업을 벌이지 않을 수 없었던 광고계 분위기도 공익광고의 출발에 한 몫을 하게 된 것이다.

1981년 11월 25일 비로소 "공익광고 캠페인 사업 기본계획안"이 다음과 같이 수립되었다.

(목표) 설득 커뮤니케이션으로서 방송 광고를 활용하여 국가 정책 목표에 대한 국민적 화합과 합의를 실천하고 선진 국민으로서의 바람직한 의식을 확립하여 문화민족의 긍지와 주인의식을 함양토록 한다.

(배경)

(1) 88년 서울 올림픽 개최를 계기로 국민의식개혁을 선도함으로써 적극적이며 긍정적인 참여 및 창조 정신을 확산토록 한다.

(2) 제5차 경제사회개발 5개년 계획의 착수를 시발점으로 전진하는 민족의 기상과 밝고 진취적인 사회기틀, 미래에 대한 희망과 의욕을 진작시킨다.

(3) 전통문화 예술의 가치를 인식하고 문화적 자주성을 확립토록 한다.

(4) 공공문제에 대한 범국민적인 관심과 참여를 촉구한다.

(5) 공익광고의 표현기법을 통해 광고에 대한 사회적 인식을 높이고 광고의 질적 향상을 선도한다.

(방향)

(1) 한국방송광고공사의 주관 하에 월간별 캠페인 주제를 선정, 60초 단위의 공익광고를 제작한다.

(2) 방송사는 방송광고공사의 주관으로 기획, 제작된 방송광고물을 적정횟수로 무료 방영한다.

(3) 광고 대행사와 제작사는 방송 광고 공사가 기획한 광고물을 실비로 제작 협조한다.

(4) 방송광고공사는 주제 선정 및 기획, 제작에 관하여 필요에 따라 자문을 방송광고향상자문위원회에 "공익광고 소위원회"를 구성하여 활용한다.

1981년 12월 5일 오후 4시 40분, KBS 제2TV를 통해 "저축으로 풍요로운 내일을"이라는 저축의 생활화를 위한 캠페인의 일환으로서 공익광고의 첫 방송이 시작되었다. 이것은 특정기업이나 매체사 단독이 아닌 사회 각 분야를 망라한 구성원들에 의한 전담기구에 의해서 시작된 우리나라 공익광고의 첫걸음이라 할 수 있다. (김덕자, 1991 재인용)

3) 한국 공익광고의 성장단계와 주제 변천

그림 3.7.1. 한국공익광고의 성장단계와 주요 주제

연도	단계	정부	내용
1980년 이전	미확립 단계	박정희 정부	* 정부 정책 선전 형태 경제발전, 새마을운동, 교통질서, 공명선거
1981 -1985년	태동 단계	전두환 정부	* 거시적 주제, 메시지의 추상성 - 1980년 : 저축, 경제 문제에 집중함. - 1982년 : 노인문제, 질서, 신뢰 사회, 통일, 안보 이데올로기를 주제로 반공 의식 고취 - 1983년 : 인구문제
1986 -1990년	시험 단계	노태우 정부 (1988 -1992)	* 메시지의 구체성 시도와 주제의 다양화 시도 - 1986년(아시안게임), 1988년(서울올림픽) : 환경, 기초질서 및 시민의식 - 1989년 : 마약 문제, 과소비, 학원 폭력 추방 - 1990년 : 장애인 문제, 소년 소녀 가장, 여성 차별문제

1991 -1995년	정착 단계	김영삼 정부 (1993 -1997)	* 표현기법의 발전 광고목표 달성 중심의 메시지 -1990년대 초반 ~ 1990년대 중반까지 : 환경보전 문제 경제 안정, 공명선거, 이웃사랑, 청소년 선도 및 가치관
1996 -2000년	성숙 단계	김대중 정부 (1998 -2002)	* 상호 연관성 있는 주제 선정으로 효과의 극대화 시도 - 1997년 IMF 사태해결 : '다시 뛰자 코리아' 국민단합 - 1998년 : 경제 살리기, 국민화합 - 1999년 : 공동체 의식 - 2000년 : 이웃 사랑(헌혈)
2001 -2005년	전문화 단계	노무현 정부 (2003 -2007)	* 제작물 수준향상. 축적된 Know-how의 체계적 실행과 캠페인 효과 검증 요구 - 2001년 : 글로벌 에티켓

위의 표 1에서 보는 단계가 절대적 분류는 아니지만 한국공익광고의 성장과정과 바뀌어온 정부를 조합하여 만들어 본 것이다. 각 정부의 통치연대가 2년 정도 차이는 있으나 공익광고의 성장단계와 각 정부와의 연관성을 간단하게 보여준다고 하겠다. 1980년 이전의 우리나라 공익광고를 보면, 1960년대까지는 주로 정부정책과 관련된 주제가 주류이다. 경제발전 주제가 대표적인 것이다. 1970년대에는 다소 주제가 늘어나긴 했으나 정부가 주도한 정책과 관련된 것들이 주류이다. 새마을 운동. 저축장려, 국산품 애용 등이 대표적인 보기이다. 1980년대 초반 태동기에는 공익광고의 주제가 추상적 구호에 제한된 경향이 짙다. "밝은 사회 건설. 주체의식, 우리 문화에 대한 긍지, 국민 화합, 안보의식, 공중도덕 절약 및 저축" 등의 주제를 통해서 잘 알 수 있다. 공익광고가 시작하는 단계여서 메시지의 표현에서도 구체성을 제시하기보다 교훈적 형태가 많은 것이 특징이다.

이 기간의 공익광고는 당시 사회가 직면한 의제를 공공의 의제로 제시하는 역할을 했다는 점에 그 의의를 둘 수 있다.

1980년대 후반의 공익광고는 '86 아시안게임과 '88 서울올림픽과 같은 국제적 행사와 깊은 연관성이 있다. 이 시기의 공익광고는 메시지의 추상성을 벗어나 수용자에게 구체적 행동방향을 제시하는 보다 적극적 표현 기법을 동원했다. 메시지 표현 기법의 발전과 주제의 다양성 시도 측면에서 그야말로 시험기의 단계를 잘 보여준 기간이라 할 수 있다. 1990년대 초 정착기는 그동안의 축적된 경험으로 다양한 주제가 선정되었다. 특히 이 시기는 경제적으로 여유로운 시기여서 사회적으로 여러 가지 문제가 돌출된 시기였다.

청소년 문제나 도덕성 회복과 같은 주제가 대표적인 것이다. 주목할 만한 현상은 메시지에서 수용자의 메시지 주목율 향상이나 행동유발을 목적으로 하는 표현기법이 동원되었다는 점이다. 그 과정에서 컴퓨터 그래픽과 유명 인물 등장이 대표적인 보기라 할 수 있다.

1990년대 후반부는 상호 연관이 있는 다양한 주제를 선정하여 공익광고의 효과를 극대화하려는 시도를 했다. 이 시기는 아시안게임, 서울올림픽 등 국제적 행사를 국가적 차원에서 유치한 시기였기 때문에, 개별 수용자(help self)보다 집단적 혹은 사회적으로 더 바람직하다고 여기는 장기간 캠페인 성격의 이타적(利他的) 즉 help-others 차원의 주제가 훨씬 많았음을 알 수 있다.

2001년 이후 현재까지의 공익광고에 대하여 체계적으로 정리한 연구결과는 없으나 2000년 이후 공익광고의 방향은 전문화단계로 규정할 수 있다. 이것은 20년 이상 축적된 관리체계의 know-how를 통해 기획, 제작, 실행 그리고 평가에 이르는 일련의 과정에 전문성이 이전보다 향상되었다고 볼 수 있기 때문이다. 그러나 공익광고 캠페인의 효과와 같은 부분은 여전히 그 전문성 실천이 요구되기도 한다.

한편 1981년-2000년의 20년 동안 TV방송을 통해 노출된 우리나라 공익광고의 주제와 목표수용자 구성, 양적 변화과정, 그리고 공익광고에 나타난 문화적 가치관과 공익광고의 광고목표, 공익광고 메시지의 표현전략과 메시지의 표현방법을 알아본 자료에 의하면, 공익광고의 주제 구성에는 환경보전, 경제, 사회 안정, 국가와 민족, 질서와 예절 등의 다섯 개 항목이 72.3%에 해당하는 많은 양을 차지한 것으로 나타났으며,

캠페인의 목표수용자는 청소년-청년을 목표 수용자로 노출된 광고가 절반이 다소 넘을 정도로 장년층의 광고보다 많은 것으로 나타났다. 전두환 정부와 노태우 정부시기가 김영삼 정부와 김대중 정부시기보다 공익광고 캠페인을 양적으로 훨씬 더 많이 집행하였다. 한국의 공익광고에는 집단주의적 가치가 압도적으로 많이 표현한 것으로 드러났으며 성별 가치관에는 남성주의가 여성주의보다 약간 많은 것으로 나타났으나 혼용된 가치관의 양상이 주류를 이루었다. '시간적 성향' 차원에서는 현재적 성향이 우세하였다. 공익광고의 목표는 태도와 관련된 것(태도 형성 및 태도 변화)이 절반 이상을 차지하였고, 그 다음이 행동에 관련된 것과 공익광고에 주목을 유도하게 하는 것이었다. 메시지 표현방법에서 도시적 배경이 시골배경이나 도시와 시골의 혼합배경보다 많이 나타났다. 메시지 소구 성격 가운데 메시지 정서 차원에서는 긍정적 소구가 부정적 소구나 긍정과 부정의 혼용보다 훨씬 많이 이용되었다. 감성적 소구가 이성적 소구나 감성과 이성의 혼용보다 많이 이용되었다. 공익광고에 쓰인 메시지의 문맥관계를 보면 공익광고 주제의 성격이나 특성을 구체적 메시지로 표현한 low text와 주제를 은유적 매개물을 활용하거나 미학적 표현을 이용하여 감정과 분위기를 강조한 high text가 서로 비슷한 정도로 양분되는 양상을 보여주었다(권중록a, 2002).

위의 표1에서 나타난 분류와는 다르게 공익광고를 메시지 수용자에게 미치는 영향력의 규모나 성격의 차이로 나누어 볼 수도 있다. 즉 공익광고가 수용자 자신에게 직접 영향을 미치는 단기효과 측면이 강한 help-self 주제들과 수용자 자신보다는 도덕적으로 혹은 사회적으로 더 바람직하다고 여기는 장기효과 주제인 help-others 측면의 주제들로 구분할 수 있다(권중록b, 2002). 혹은 공공캠페인의 전략적 성향(3E) 차원으로 분류할 수도 있다 : 정보전달 중심의 수용자 교육(Education), 장치, 설비 등을 통한 수용자 참여를 유도하는 공학적 측면(Engineering), 캠페인 주제 내용을 어김으로 발생할 수 있는 법률적 규제(enforcement) (한미정 외, 2005). 우리나라 공공캠페인에 이용된 공익광고는 주로 교육 전략(education)에 근거한 공익광고가 공공캠페인에 많이 적용되어 왔다. 이 같은 현상은 공익광고가 주로 관 주도의 캠페인이서 목표수용자를 전 국민으로 설정하고 이들을 계몽하려는 정치적 의도가 상당 부분 내재된 결과라 할 수 있다.

3. 공익광고의 성립요건과 광고주 유형

세계 각국의 공익광고가 전개되는 현황을 보면 그 활동조직과 제도, 테마와 크리에이티브 기법 등의 다양성에 놀랄 때가 많다. 그러나 공익광고가 성립하는 기본적인 요건에 있어서는 상당한 공통점이 있다. 공익광고와 관련된 활동은 미국이나 유럽 등 공익광고 선진국이나 아프리카나 아시아 국가들처럼 아직 선진국만큼 공익광고가 발달하지 못한 국가간 공익광고가 생겨나게 되는 데는 비슷한 점이 존재한다는 것이다.

공익광고의 성립에는 다음의 여섯 가지 조건이 갖추어져야 한다.

공익광고 성립의 기본요건은 대개 다음과 같다(우에조 노리오, 2005).

1. 대중사회의 성립
2. 경제적 도약
3. 매스 커뮤니케이션의 발달
4. 그에 따른 사회적 병리 현상
5. 협력적 시민의식(co-operate citizenship)의 보급
6. 자원봉사 정신(voluntarism)의 성숙

이러한 모든 요건이 갖추어지면 자연스럽게 공익광고 캠페인이 등장하게 될 것이다. 동시에 이러한 요건들은 서로 중복될 때도 많고, 나라와 시대적 배경에 따라 그 성격과 내용이 달라질 수도 있다. 이중 1부터 3까지의 요건은 4부터 6까지의 요건과 달리 기본적으로는 상업광고(commercial advertising)의 성립 요인과 동일하다고 할 수 있다.

오늘날 세계 각국의 공익광고 활동에는 대중사회가 가진 구조적 특질과 결함이 그 원인으로 작용하는 것이 사실이다. 어떻든, 공익광고는 근대사회에 있어서는 존재하지 않았거나 극히 일부 사람에게만 해당되던 사회적 과제가 일반대중의 문제로 인식되면서 비로소 성립 기반을 갖게 된 것이다.

국제광고협회(IAA)가 처음으로 공익광고세계대회를 개최한 것은 1979년 벨기에의 브루셀이었는데, 그 당시 참가국은 30여 개국에 불과했었다. 물론 공익광고를 실시하고 있던 나라들이 모두 참가한 것은 아니었으나, 그 이후 오늘날까지 국제적으로 공익광고와 관련된 기획이나 제작 분야 기술

이 다른 사회나 국가로 놀라울 만큼 빠르게 퍼져나가게 되었다(우에조 노리오, 2005).

공익광고는 광고주의 형태, 활동내용, 광고목적, 표현주제, 사용매체, 소구대상, 크리에이티브 기법 등을 기준으로 여러 가지로 분류된다.

그중에서도 공익광고를 실시하고 있는 광고주에 따라서 다음의 일곱 가지로 나눌 수 있다.

첫째, 기업이 실시하는 것

둘째, 정부, 관공서, 지방자치단체가 실시하는 것

셋째, NGO, NPO를 포함한 각종 단체(제3섹터)가 실시하는 것

넷째, 매체가 독자적으로 실시하는 것

다섯째, 광고회사와 매체가 기획하고 2개 회사 이상의 광고주가 연합하여 실시하는 것

여섯째, 미국광고협의회와 일본의 공공광고기구와 같은 순수한 공익광고 활동단체가 실시하는 것이 그것이다(우에조 노리오, 2005).

4. 공익광고의 제작

1) 공익광고 제작 시 유의점(전략 요소)

전형적인 공익광고 캠페인에 요구되는 전략에는 다음의 요소들이 포함된다.

(1) 마케팅 목표

마케팅 활동의 기본 목표는 무엇인가? 캠페인의 마케팅목표는 대개는 포괄적 형태로 설정될 수도 있으나 구체적일수록 바람직하다. 즉 마케팅 목표를 구체적으로 설정함으로써 자원과 노력을 집중시킬 수 있어서 캠페인의 효율을 높일 수 있다.

캠페인 기획자가 기획초기 단계에서 "왜 광고를 해야 하는가?"라는 전형적인 질문에 답을 요구하는 이 부분은 제품광고는 물론 서비스 광고에 도움이 된다. 이를테면 "목표수용자가 새 브랜드를 알지 못한다"거나 "우리 제품이 선두 브랜드와 같은 수준의 편익을 제공한다는 것을 소비자들에게 확신시켜야 하는" 것과 같은 특정 제품이나 서비스의 현재 해결해야 할 과제를 잘 알게 해 준다.

하지만 공익광고가 활용되는 공공캠페인에서는 이 부분이 상업적

제품의 광고캠페인에서 만큼 중요하지는 않을 것이라고 본다. 왜냐하면 대부분의 경우 공익광고를 결정할 즈음에 이르면, 사람들 또는 공중의 욕구는 종종 사회적 환경, 활동적 공중 혹은 대중매체에 의해 이미 잘 알려지는 경우가 많기 때문이다. 암 또는 AIDS, 연구를 위한 기금 등이 그 예이다. 물론 캠페인을 전개할 필요성이 분명하게 설명되지 않는 상황들도 있을 수 있다.

(2) 광고 목표

정확히 말하자면 마케팅 목적을 달성하는 하위 과제로서 대중매체를 통한 광고, 다른 커뮤니케이션 수단 또는 브로슈어 등의 구체적인 광고 활동에 대한 명확한 목표를 설정하는 것을 의미한다.

(3) 목표 수용자

누구에게 말하기를 원하는가? 어느 그룹에 도달할 필요가 있는가? 이들의 인구 통계적 특성은 무엇인가? 그들의 생활형태(life style)는 어떤가? 우리 메시지를 접할 수용자들의 심리적 요인은 무엇이 있는가? 우리 메시지에 담긴 주제와 연관된 목표수용자들의 생각은 무엇이며, 행동은 어떤 것들이 있는가?

목표 수용자에 대한 정의를 아주 구체적이고 세밀하게 규정해 두어야 한다. 예를 들면, "35세 이상의 남성으로 소득 수준이 높은 사람"이라고 한다면 의사, 변호사, 기업의 간부들, 소득이 높은 자영업자 등 높은 수입을 올리는 남성들 전부를 지칭하기 때문에 메시지 제작과정은 물론 제작된 메시지를 전할 매체선정에도 문제가 생긴다.

(4) 경쟁 상황

목표 수용자를 정확히 구분해 둔 다음의 과정은 우리 메시지와 경쟁을 벌이는 제품이나 주제는 어떤 것들이 있는지 알아봐야 한다. 이는 메시지 제작 이전에 유념해 두어야 할 중요한 정보이다. 이는 "우리 메시지의 경쟁상대를 파악하라"는 과제이며 우리 메시지에 수용자들이 보다 정확히 주목하게 하기 위함이다. 상업제품 광고에서는 실제 경쟁상황에 있는 제품을 고려해보면 될 것이나, 공익광고 캠페인에서는 우리 메시지를 방해하거나, 우리 메시지와 동일 목표 수용자를 두고 경쟁 관계에 있는 캠페인이나 메시지를 알아봐야 한다.

(5) 핵심 메시지(목표 수용자 편익)

목표 수용자에게 전하고 싶은 단 하나의 가장 중요한 메시지는 무엇인가? 이는 분명히 설명하기 가장 어려운 요소이다. 만일 전체 메시지에 핵심 아이디어가 하나 이상 포함된다면 결과는 효과적이지 못한 캠페인이 되고 만다. 흔히 크리에이티브 컨셉(creative concept)으로 불리기도 한다. 즉 최종적으로 정리된 메시지에서 목표 수용자가 반드시 기억해내고 기억한 메시지로 인해 반응을 나타내게 하는 요소를 가리킨다. 수용자에게서 반응을 얻어 내기 위한 연결고리인 것이다. 문제는 이 핵심 메시지에 목표 수용자가 누릴 수 있는 편익이 담겨 있어야 한다는 점이다. 카피라이터(copy writer)나 디자이너의 몫이라 하겠다.

(6) 지원요소

지원 요소는 목표 수용자의 편익을 설명하기 위한 증거들을 모으는 것이라 할 수 있다. 왜 그 편익이 중요한지에 관한 사실을 의미한다. 따라서 다양한 형태의 지원 요소가 있을 수 있으며, 이들을 대개 중요도에 따라 순서를 정해 둘 필요가 있다. 이들 지원 요소들은 목표수용자의 행동에 대한 의학적 사실, 사용통계 자료, 또는 법률적 또는 건강에 대한 자료 등으로 다양화될 수 있다. 그러나 지원 요소들이 모두 해당 광고 메시지 안에 사용될 필요는 없다. 지원 요소들은 목표 수용자들을 겨냥하는 카피라이터의 화살통 속에 들어있는 화살이라 할 수 있다. 그러나 만일 이 지원 요소들이 직접적으로 핵심 아이디어를 제공해 주지 않는다면, 비록 완전한 사실일지라도 광고메시지에 포함시키면 안 된다. 지원 요소들을 중요도에 따라서 수용자들이 쉽게 반응하게 하는 것들을 중심으로 이용하면 된다.

(7) 기대 반응

이것은 핵심 메시지의 테스트이다. 다시 말해 "일단 목표 수용자가 당신의 메시지를 접하게 되면 그들이 어떻게 행동하기를 원하는가?"에 대한 답을 의미한다. 광고기획자의 용어로 말한다면 "우리는 무엇을 달성하기 위해 노력하고 있는가?"이다.

우리 광고의 핵심 아이디어는 목표 수용자에게 중요한 반응을 일으키기에 충분하다거나, 아니면 마음속에 새겨지거나, 관심을 끌었는가? 그리고 광고가 그들로 하여금 행동을 취하도록 했다면 그 행동은 광고목표 달성에 필요한 행동인가?

(8) 접근 방법(Tone and Style)

광고 메시지의 톤(tone)은 어떠한가? 예를 들면 표현된 메시지가 심각하거나 아주 무거운 분위기인가, 아니면 유머를 사용해서 생기가 돌도록 해야 하는가?

메시지의 느낌은 현실적인가? 자신감을 주는가? 깜짝 놀라게 해야 하는가? 심각한 위협을 느끼게 할 것인가? 아주 감각적으로 표현하여 재미있게 할 것인가?

문제는 톤과 스타일이 필수적인 전략적 요소임에도 불구하고 대부분 실제 아이디어 표현과정에서는 아주 무시되는 경우가 많다. 상업제품 광고에 비해 공익광고는 사실 접근 방법에 의해 목표 수용자에게서 얻어내는 반응이 효과적일지 아닐지가 결정된다 해도 틀린 것은 아니다.

때로는 표현물에 사용된 단어가 목표 수용자의 정서를 잘못 건드려서 잘 다듬어진 전략이 잘못된 말투로 인해 피해를 입는 경우가 있는데, 이는 해당 단어의 톤과 메시지의 스타일이 전략의 목표와 상충되는 경우에 발생한다.

즉, 단순한 카피라이터는 독창성을 발휘하여 익살스럽거나 또는 주목을 유도하는 독특한 표현을 사용할 수 있는데, 이런 경우 카피가 톤과 스타일이 광고목표에 직접적으로 상반될 수 있다는 것이다. 예를 들어 표현할 내용이 정직성과 신용을 드러내는 단어를 필요로 한다면, 노골적으로 약삭빠른 부정적 느낌에 해당하는 단어로 접근하는 것은 잘못된 것이다. 따라서 공익광고캠페인에서 톤과 스타일을 무시하고 광고목표를 달성한다는 계획은 매우 잘못된 것이다.

(9) 광고 제작상의 요구사항

광고 메시지를 실제 제작 과정으로 옮기는 과정에 필요한 준비를 의미한다. 인쇄광고인가, 아니면 TV용 광고와 인쇄광고를 동시에 제작하는가, 혹은 TV광고의 주요소를 인쇄광고에 이용할 것인가? 인쇄매체의 성격은 어떠한가? 신문인가, 잡지인가, 혹은 전단 아니면 소책자 형태인가? 여기서 과제의 특성들이 자세히 설명되어야 한다. 광고주 혹은 캠페인 의뢰자의 주요 요구에는 무엇이 있는가? 전화번호 표시, 목표 수용자들이 필요한 정보를 얻을 만한 위치 알림, 주요 행사 기간을 알리는 날짜 등을 가리킨다.

2) 공익광고 제작에 필요한 주요 원칙

목표 수용자를 선택한 다음, 정확하고 엄격하게 전략을 도출해냈다면, 완벽한 광고를 위해 아래의 원칙들을 지켜야 한다.

① 단순함을 유지하라. 명확해라. 주제 중심으로 아이디어를 집중시켜라.
② 초기에 목표 수용자의 주의를 잡아라.
③ 문제/해결방법을 고려하라.
④ 정직하라!
⑤ 목표 수용자에게 제공하는 편익을 극적으로 표현하라.
⑥ 캐스팅 : 핵심이다.
⑦ 광고주의 주요 요구사항을 실천하라!
　 기억하기 쉬운 도메인 번호나 사서함 번호를 정하고 기억하기에 충분한 시간 동안 그 번호를 유지시켜라.
⑧ 일관성을 지녀야 한다.
　 모든 요소들(로고, 활자, 주제)은 통일되어야 한다.

3) 공익광고의 주제 선정 시 고려해야 할 점

첫째, 공익광고의 주제는 긴급하고 중요한 사회적, 공공적 문제로 시민 일반의 필요에 부응해야 한다.

둘째, 공익광고는 영리를 목적으로 해선 안 되며, 당파, 종파, 기업 등 어떤 이익집단에도 편향되어서는 안 된다.

셋째, 공익광고는 실체 파악이 가능한 문제를 다루어야 하며, 시민의 관심과 의식을 높이고 자발적인 협력과 연대행동을 촉진하는 것이어야 한다.

넷째, 공익광고에서 다루는 주제는 광고활동에 의해 최대의 효과를 얻을 수 있어야 한다.

다섯째, 공익광고는 시의적절해야 한다.

마지막으로, 당면 문제 외에도 장차 사회적으로 중요해질 문제를 앞서 다룸으로써 계몽적인 역할을 수행해야 한다.

이처럼 공익광고의 주제는 항상 국민 전체의 이익과 연관된 것으로, 일반 대중의 협력을 얻지 않으면 해결될 수 없는 공공의 문제여야 한다. 동시에 저널리즘에서처럼 중립성, 객관성이 중시되어야 함은 물론이다. 왜냐하면, 공익광고는 광고주의 이익이 아닌 사회적, 공공적인 효과를 얻기 위한 것이므로 장기적인 관점에서 대중의 이익을 반영해야 하기 때문이다. 다만, 광의의 공익광고 개념에는 사기업, 정부 관공서, 각종 단체, 종교단체 등의 공공적 문제를 주제로 한 광고도 포함되어 있으므로, 이른바 상품광고, 기업광고, 의견광고, PR 등의 광고, 홍보활동 중에서도 공익광고의 범주에 포함시킬 수 있는 작품이 많이 존재한다.

그러나 협의의 개념에서는 이런 공공적 성격의 작품일지라도 광고주의 정치적, 경제적, 문화적 지배 등을 목적으로 하는 광고는 객관성, 중립성의 기준에서 공익광고에 포함시키지 않을 수 있다. 공익광고가 가진 광고효과가 광고주가 아니라 일반 대중의 이익, 사회의 이익으로 돌아가야 하기 때문이다(우에조 노리오, 2005).

대형 광고 회사들이 공익광고 활동에 상당한 관심을 두고 있는데, 그 이유는 이 같은 공익성 주제를 자사에서 취급함으로써 종업원들 각자에게 재능과 시간을 투자하여 공공복지 활동에 기여하고 있다는 심리적 위안을 주고자 함인가 하면, 중소 규모의 광고 회사들에게는 공익광고를 통해 성장할 수 있는 좋은 기회로 이용되기도 한다. 일반제품광고나 기업광고와는 달리 공익광고에는 표현상의 규제를 덜 받는다는 비규제적 요소 때문에 감성적 소구법을 최대한 이용하여 광고 회사의 창의성을 잘 살려 광고작품으로 주목을 받을 수 있기 때문이다. 그래서 많은 중소 광고 회사들이 공익광고를 독창성의 수준을 인정받는 성장 전략 차원에서 이용하고 있다(Davids, 1987).

공익광고가 공공의 주제를 두고 수용자를 상대로 태도나 행동의 변화를 얻어내려면, 가장 먼저 갖춰져야 할 조건이 목표수용자가 '메시지에 대해 노출(exposure to message)'하는 것이다(Salcedo et al. 1974;

Pechmann & Ratneshwar, 1994).

우리나라는 물론 선진국에서조차 공익광고가 대중매체 특히 TV나 신문에서 홀대받고 있는게 현실이다. 방송매체 집행에 관한 한 좋은 시간대에 공익광고 노출이 절대적으로 부족하다는 점이다. 대부분의 공익광고가 새벽, 심야, 한낮 등 시청률이 낮은 시간대에 집중적으로 방영되고 있다. 인쇄매체의 경우도 사정은 비슷하다. 신문협회 소속 회원사 일간지에 무차별적으로 내보고 만다. 광고효율을 검토하여 선별적으로 게재 신문이나 특정지면을 요구할 수 없기 때문이다. 따라서 광고 편당 노출과 도달률을 높이기 위해서는 TV의 경우 다음과 같은 매체 집행 방안이 요구된다(이시훈, 2002). 목표에 의한 예산 설정을 통해, 한두 개의 주제를 중심으로 상황에 맞게 파동형(pulsing)으로 집행한다. 파동형은 한정된 매체예산으로 꾸준하게 광고를 노출시키는 방법이기 때문에 예산의 효율성을 높일 수 있다.

그러나 메시지 노출이 일차적인 필요조건은 될 수 있으나 공공 캠페인이 의도한 정도의 효과를 얻어내기에 충분한 것은 아니다. 다시 말해서 매스미디어를 통해 단순히 공익광고라는 메시지를 접하는 것으로 공공 캠페인이 목표로 하는 것들이 달성되기는 어렵고, 단순한 정보전달 이상의 요인이 추가되어야 한다. 즉 커뮤니케이션의 외적 구성이 필요하다는 것이다. 대부분의 매스커뮤니케이션 효과관련 연구들이 개인중심의 커뮤니케이션 요소에만 중심을 두었기 때문에 커뮤니케이션에 관한 효과분석은 물론, 특히 캠페인 디자인 과정에 별로 유용한 제안이나 대안을 제시하지 못했다.

Mendelsohn(1973)은 PSA가 성공적인 효과를 얻으려면 다음과 같은 사항을 유념해야 한다고 주장한다.

(1) **목표수용자(target audience)에 대한 가정(assumption)** : PSA의 목표 수용자는 그 내용에 대해 흥미가 약간 있거나 아니면 전혀 없다.

(2) **목표의 구체화** : PSA의 메시지에 노출됨으로써 얻어질 수 있는 중간정도의 구체적 목표(specific objective) 설정이 필요하다.

(3) **목표수용자(target audience)의 명확화** : 메시지가 전달되어야 할 수용자를 인구통계학적, 심리학적, 생활환경, 가치관, 신념체계, 미디

어 이용형태 등으로 아주 구체적인 면까지 명확하게 규명하여야 한다.

이와 같은 점에 주의를 기울이게 되면, 자연히 과도한 목표는 설정되지 않게 되고 합리적인 방향으로 목표설정과 광고활동을 펼 수 있을 것이다(권중록b, 1995).

4) 공익광고 Idea의 구조 : ROI(Relevance, Originality, Impact)

공익광고 메시지 제작을 위해 제안되는 아이디어가 실제 제작과정을 거치는 좋은 평가를 받으려면 ROI구조를 적용해보면 된다.

이 구조는 아이디어를 찾아내는 과정에 적용해보면 불필요한 아이디어에 집착하게 되거나 공익광고 캠페인의 목적이나 목표에 논리적으로 적합하지 않는 아이디어를 사전에 점검할 수 있다. 동시에 목적이나 목표에 적합한 아이디어를 찾아내는 간편함이 있다.

그림 3.7.2. 공익광고 아이디어 평가 구조 : ROI 기법

Relevance : 관련성	제안된 공익광고 Idea가 공공캠페인의 목표를 달성하는 데 기여할 수 있는지, 해당 캠페인의 수용자를 겨냥하여 메시지가 논리적인지 등에 관한 평가를 해본다.
Originality : 독창성	제안된 Idea가 다른 광고와 차별성이 뚜렷한가? 목표수용자가 주목할 만한 요소가 있는가?
Impact : 영향력	목표수용자에게 확실한 충격을 줄 수 있을 정도로 세밀히 제안된 Idea인가?

5. 공공 캠페인과 사회 마케팅(social marketing)

1) 공공 캠페인

공공 캠페인은 무엇이며 그런 활동의 효과는 어떤가?

'캠페인'이라는 활동의 정의가 여러 학자들이나 캠페인 실행 담당자들에 의해 내려졌었다. 다양한 정의는 캠페인과 관련된 일반적 혹은 구체적 목표에 따라서 달리 표현되고 있다. 즉 캠페인의 기간, 캠페인이 의도한 효과, 분석의 단위, 캠페인을 통한 혜택이 주어지는 장소, 그리고 캠페인에 동원된 커뮤니케이션 수단 등에 따라서 캠페인의 정의를 달리 내리곤 한다.

Paisley(1981 p. 24)는 캠페인의 정의를 캠페인의 의도나 과정에 따라 세운다고 제의했다. 사실 캠페인은 여러 가지 다양한 형태의 목적을 지닌 채로 출발하게 된다. 캠페인은 '활동이 의도적이며(Cell, 1977, p.7) 거대한 수용자를 목표로 하고(Atkin, 1981, p.265), 제한된 시간적 간격 안에서 행해지고(Rogers et al., 1979, p.60) 그리고 커뮤니케이션 활동을 조직적으로 동원하는 과정(Schramm, 1964, p.155; Rogers, 1973, p277; Hall, 1978, p.85; Flay & Cook, 1981, p239; McQuail, 1983, p.180; McGuire, 1984, p.229)'이다. 그래서 캠페인을 최소한의 개념으로 정의해 보면 "캠페인은 구체적인 결과나 효과를 얻기 위해 일반적으로 정해진 기간 내에 비교적 많은 목표수용자를 상대로 벌이는 조직적인 활동"이라고 할 수 있다. 군사 목적을 띤 캠페인은 'military campaign', 공공성 주제 중심이면 'public service campaign', 공공성 주제를 가지고 정보전달 중심의 활동이면 'public information campaign', 보건 혹은 건강관련 활동이면 'health campaign' 등으로 불려질 수 있다.

커뮤니케이션 연구 분야에서 초창기의 캠페인 관련연구 활동 결과를 보면(Weiss, 1969) 미국에서 실행된 공공캠페인의 효과는 거의 없다는 것으로 드러났다. 반면에 경제적 사회적 발전과 관련된 커뮤니케이션 역할에 관한 광범위한 문헌에 의하면, 특히 제 3세계에서 실행된 캠페인을 보게 되면 오히려 상당한 효과를 얻고 있다(Lerner & Schramm, 1969; Rogers & Shoemaker, 1971). 그러나 입장이 1970년대 중반에는 바뀌었다. 즉 발전론적 커뮤니케이션 학자들은 매스 커뮤니케이션을 통한 캠페인이 적어도 제 3세계에서 직접적으로 의미있는 변화를 일으킬 수 있다는 잠재력에 대해 훨씬 더 비판적이었기 때문이다(Rogers, 1976). 이와는 반대로 건강과 관련된 몇몇 캠페인이 미국 연구자들에 의해 고무적인 효과를 얻을 수 있다고 밝혀졌다 (Farquhar et al., 1977; McAlister et al., 1980; Maccoby et al., 1977). Rogers(1976)는 탄자니아에서 성공적인 결과를 얻은 라디오 중심의 공중보건과 영양캠페인 몇 가지를 지적하기도 했다. 성공결과에 대해 논란이 있긴 하지만 TV를 통해 실험 형태의 보건 캠페인 〈Feeling Good〉은 그 공익광고를 본 사람 가운데서 행동적 효과까지도 얻었다(Mielke & Swinehart, 1976). 작은 규모이긴 하지만 뉴욕에서 실행된 금연프로그램과 전국적으로 금연캠페인을 벌인 핀란드의 프로젝트는 모두가 TV를 이용하여 대단한 성공을 거둔 것으로 인정된다(McAlister et al., 1980).

캠페인에 이용되는 커뮤니케이션 수단에서는 다양한 것들이 동원되어야 한다는 점도 중요한 것이다. 왜냐하면 각각의 매체마다 갖고 있는 기능이 서로 보완적으로 작용하여 캠페인 효과를 얻는 데 상승작용을 하기 때문이다. 예를 들면 TV는 짧고 단순한 정보를 제공하는 데 그리고 비교적 간단한 행동적 효과를 얻는 데 우수한 반면에 복잡한 정보를 전달하는 데는 비효과적이다. 대신에 인쇄매체는 깊이 있고 복잡한 정보를 효과적으로 취득하는 데 적적하다. 무엇보다도 대인 커뮤니케이션(face-to-face communication) 행동적 효과를 얻는 데 가장 효과적인 수단으로 여겨지고 있다. 그러므로 여러 형태의 매스 미디어와 대인 커뮤니케이션을 잘 조화시키게 되면 캠페인에 대해 주목율을 높이고 동기를 부여하고 상세한 정보를 제공할 수 있을 뿐 아니라 행동변화까지도 유도할 수 있게 된다(Rogers & Shoemaker, 1971; Maccoby & Alexander, 1979; Puska et al., 1981, p.15; 권중록b, 1995).

2) 사회마케팅 (Social Marketing)

사회마케팅은 1971년 Kotler와 Zaltman에 의해 공식적으로 정의되었다(Kolter & Zaltman, 1971, p.5). 이들에 의하면, 사회마케팅이란 "사회적 이념에 대한 수용을 촉진시키기 위해 제품 계획, 가격설정, 커뮤니케이션, 유통, 마케팅조사와 같은 사항들을 포함한 계획된 프로그램을 기획, 집행하고 통제하는 과정"이라고 정의하였다.

Kotler와 Roberto(1989)에 의해 확장된 개념으로 발전하였는데, 사회마케팅은 사회적 변화를 추구하는 단체가 표적 집단의 사람들에게 일정한 아이디어, 태도, 행동, 실행을 수용하거나 수정 혹은 포기하도록 설득하는 체계적인 노력과 활동이라고 정의하고 있다(김성훈, 이윤미, 1996). 사회 마케팅은 개별 기업의 이익만을 추구하고 사회의 공공 이익을 무시하는 관리적 마케팅에 대한 반성과 비판, 그리고 마케팅 적용범위의 확대 움직임이 강력하게 대두된 사회적 상황을 배경으로 하여 등장하게 된 것이다.

사회 마케팅의 또 다른 명칭으로 이념 마케팅(Idea Marketing) 혹은 사회적 목적 마케팅(Social Causes Marketing)을 제안되었고 사회 마케팅과 기업 마케팅과의 주요한 차이를 다음과 같이 세 가지로 기술하였다.

(1) 기업의 마케팅은 전형적으로 목표시장에서 원하는 필요와 만족을 공급하기 위하여 노력하지만, 사회 마케팅은 목표 시장의 태도와 행동을 변환시키기 위해서 노력한다.

(2) 기업마케팅 관리자들은 목표 시장이나 사회에 이익을 부여하면서 동시에 그들의 주목적인 이윤을 만들지만, 사회 마케팅 관리자들의 목적은 개인적인 이윤 추구 없이 목표 시장과 사회의 이익을 위해 봉사하는 것이다.

(3) 기업 마케팅 관리자들은 아이디어라는 수단을 통해 제품과 용역을 마케팅 하지만, 사회 마케팅 관리자들은 제품이나 용역보다는 그 자체를 마케팅 한다.

이러한 사회 마케팅의 예로는 금연, 음주 그리고 약물남용 등을 줄이는 공공건강캠페인 자연보호, 자원보존, 에너지 절약 등을 촉진하는 환경캠페인과 가족계획 및 AIDS 등의 다양한 캠페인이 있다.

이러한 점에 비추어 볼 때 사회 마케팅은 공공캠페인을 포함하고 있으며, 공공캠페인에서 공익광고는 목표수용자를 상대로 하는 메시지 전달창구 역할을 수행한다고 할 수 있다. 즉 공익광고는 사회 마케팅의 한 분야로 주로 커뮤니케이션(특히 매스미디어)을 통한 정보전달과 설득작용을 통하여 목표로 하는 수용자들의 인식과 태도변경을 목적으로 하는가 하면, 사회 마케팅은 매체를 통한 광고뿐만 아니라 판촉물(sales promotion), PR활동, 그리고 판매원의 활동까지 포함하여 모든 마케팅 자원을 동원하여 궁극적으로는 행동변화(behavior change)를 목적으로 한다. 또한 중요한 차이는 공익광고는 직접적인 피드백이 어렵고, 있어도 느린 데 반하여 사회 마케팅은 피드백이 보다 용이하다는 것이다. 광고는 일방적(one-way communication)인데 반해 마케팅은 양방향이라는 점에서 마케팅 캠페인은 좀 더 효과적이며 효율적인 전략수립과 집행이 가능하다(김덕자, 1991).

3) 사회마케팅의 중요 요소

목표 수용자의 요구나 바람을 만족시켜 성공적으로 사회마케팅을 수행하기 위해서는 전통적 마케팅 혼합요소인 4Ps(Product, Price, Place, Promotion)를 적절하게 응용해야 된다.

먼저 사회마케팅에는 특별히 고려해야 할 11개의 중요한 개념들이 있다.

(1) 마케팅 철학

이것은 사회마케팅을 실행하는 기관이나 조직의 목적과 깊은 연관이 있다. 목표 수용자의 요구를 만족시키기 위한 조직의 존재 이유이다.

(2) 이윤중심의 활동

단순한 금전적 의미에서 이윤이 아니라 사회적 혜택 차원을 의미한다. 예를 들면, 직업만족도 향상, 행복지수 증가, 사망률 감소, 자살률 감소 등을 말한다. 사회마케팅에 투입될 비용과 그로 인해 생겨날 사회적 혜택을 대비시키면 알 수 있다.

(3) 4Ps의 적절한 조합

캠페인 전체를 통해 4P가 어떻게 작동할 것인지를 주제, 목표수용자 그리고 사회적 상황에 맞게 조합(combination)해야 한다.

(4) 커뮤니케이션 효과 단계(캠페인 목표)

캠페인의 초기 단계에서 완결단계에 이르기까지 목표 수용자가 변화하는 일련의 과정을 어떻게 규정할 것인가를 의미한다. 즉 무지의 단계, 메시지 접촉 단계를 거친 인지 과정, 메시지 이해, 태도 형성 과정, 태도 변화, 행동 직전 단계, 행동, 행동 유지 단계 등을 어떻게 설정할 것인가를 가리킨다.

(5) 목표 수용자 세분화

일반 수용자에서 캠페인이 달성해야 할 목표에 가장 근접하는 목표 수용자를 정확히 구분하고 세밀히 규정하는 과정을 의미한다.

(6) 관련된 모든 시장 이해하기

목표 수용자 이외에 고려해야 될 2차적, 3차적 수용자 혹은 다른 중요한 요소를 지닌 수용자는 없는지 알아봐야 한다.

(7) Feedback 구조

캠페인 과정과 결과는 어떻게 평가하고 그 결과는 어떻게 캠페인에 반영할 것인가? 형성평가(formative evaluation) 혹은 summative evaluation 등이 있을 수 있고 이들 평가는 어떻게 실행될 것인가?

그 결과는 진행 중인 캠페인에 어떻게 적용되고 완료된 후에는 어떻게 활용할 것인가?

(8) 대인 커뮤니케이션과 매스 커뮤니케이션 그리고 상호작용

대중 매체를 이용한 매스 커뮤니케이션은 캠페인의 주제나 정보를 전달하여 목표 수용자들이 알게 하는 데 효과적인 반면, 대인 커뮤니케이션은 목표로 하는 행동을 부추기거나 행동변화를 일으키는 데 적절한 방법이다. 당연히 이들 두 형태를 캠페인 과정에 적절히 혼용하여 상호보완 하는 기능을 발휘하도록 해야 할 것이다.

(9) 기타 상업적 자원 활용

광고 대행사를 통한 기획과정, 크리에이티브 지원 활동 그리고 매체 전략에 필요한 자료 지원과 매체혼용에 요구되는 전문성 의뢰, 시장조사 기관의 시장 조사 자료 활용 및 시장 조사활동 지원받기, 매체사의 방송시간 및 지면을 활용한 publicity 및 광고시간 지원 의뢰, 메시지 제작에 필요한 인적 물적 자원 등을 저렴한 가격 또는 무상으로 지원받을 수 있도록 해야 한다.

(10) 경쟁 환경 이해

공공 주제를 중심으로 캠페인을 벌이는 시점에서 사회적 환경이 어떤지를 고려해야 한다. 해당 주제에 주목을 방해하는 사회적 주제는 어떤 것이 있으며 상황은 어떠한지를 살펴야 한다. 동시에 목표수용자 개인적 차원에서 수용자들이 해당 캠페인 메시지에 저항하는 가치관이나 행동은 어떤 것들이 있으며 그리고 그 가치관이나 행동을 유지함으로 얻고 있는 보상은 무엇인지 이해해야 한다.

(11) 성공에 대한 기대

커뮤니케이션 효과에 대한 기대 즉 캠페인 목표와도 연관성이 있다. 성공을 예측해 볼 수 있는 방법은 무엇인가? 인지도를 높일 수 있는 가능성은 얼마나 되나? 태도를 형성하거나 변화시킬 수 있는 정도는 어떤가? 행동을 유도하거나 변화시킬 수 있는 확률은 얼마나 되나? 각각의 단계에서 가능성에 대한 근거는 무엇인가?

4) 사회마케팅 접근을 통한 공공캠페인

효과적인 공공캠페인 기획과 실제 집행을 위해서 사회마케팅 혼용(social marketing mix)을 적용해 보는 것이 바람직하다. 이것은 흔히 상업적 마케팅 혼용을 비영리 영역에 적용시킨 것으로 공공캠페인 기획과정과 실제 집행에 매우 유용한 방법이다.

(1) 제품 믹스(product mix)

아이디어가 목표 수용자에게 구체적 형태로 소비될 수 있도록 만들어야 한다. 예를 들면, 마약퇴치에 관한 주제라면 마약 중독을 치료하는 치료소, 노출을 두려워하는 중독환자를 상대로 하는 개인 상담소 같은 것이 제품이 될 수 있다. 물리적인 형태, 실제로 제공되는 서비스의 형태, 수용자에게 전해질 아이디어의 집합이라 할 수 있다. 이와 같은 제품의 폭 즉 혼합이 너무 넓어서 수용자에게 혼란을 주거나 프로모션 과정에서 혼선이 생길 수 있고 너무 좁으면 수용자가 원활하게 접촉하는 데 문제가 생길 것이다. 결국 시장세분화를 통해 적절한 제품설계를 해야 할 필요가 있게 마련이다. 공공 캠페인에서 제품개발은 목표 수용자가 기대하는 차별화된 혜택이 무엇인지 정확히 알아내는 과정이 중요하다.

(2) 가격(price)

금전적 차원 이상의 것을 포함한다. 제품을 구하는 데 필요한 총체적인 비용을 의미한다. 물리적 노력, 심리적 비용, 투입된 시간, 기회비용 등 전체를 일컫는다. 공공 캠페인 차원이라 하여 실제 금전적 비용이 너무 싸거나 무료로 제공되어 서비스의 품질이 평가절하 될 수 있고 구매 저항이나 관심을 갖지 않게 되는 요인이 되기도 한다.

(3) 유통(place)

목표 수용자들이 제품이나 아이디어 혹은 서비스를 접촉할 수 있는 접점을 말한다. 이것은 프로모션과도 연계하여 고려해야 할 내용이다. 제품, 서비스 혹은 아이디어를 접촉하는 접점의 수를 얼마로 할 것인지, 그 규모는 얼마나 크게 할 것인지, 위치는 어디로 할 것인지에 관한 것들이 결정되어야 한다.

(4) 프로모션(promotion)

목표 수용자를 효과적으로 설득하는 주요 커뮤니케이션 도구의 집합체를 의미한다. 주요 수단으로 광고, 기사화(publicity), 대인 접촉, 각종 특별 행사 등이 될 수 있다. 동시에 메시지 노출의 정도와 도달률을 얼마나 할 것인지 그에 따른 비용이 얼마나 될 것인지도 결정해야 할 중요한 요인이다. 대개의 경우 프로모션은 커뮤니케이션 전략에 중심을 두게 된다.

8장
쟁점 관리(Issue Management)와
위기관리(Crisis Management)

◆ 쟁점 관리는 단계는 어떻게 하나?

◆ 효과적 쟁점 관리를 준비는 어떻게 하나?

◆ 위기 관리 단계는 어떤 것들이 있나?

◆ 위기유형은 어떤 것들이 있나?

◆ 위기 관리에 필요한 전략 형태는 무엇인가?

1. 쟁점 관리(Issue Management)

1976년 PR 상담전문인 Howard Chase가 쟁점 관리(Issue Management)를 다음과 같이 정의했다.

쟁점 관리란 '개인이나 기관의 미래에 영향을 줄 수 있는 공공정책 영역에서 개인이나 기관의 목표달성을 위해 전략적이고 정책적인 기능과 모든 PR관련 기술을 이해시키고 동원하고 협조를 유도하고 지시하는 능력'을 말한다.

1) 쟁점 관리 단계

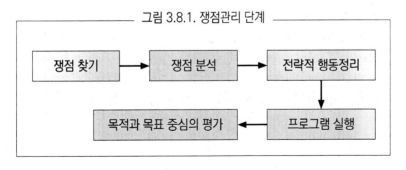

그림 3.8.1. 쟁점관리 단계

쟁점 찾기 → 쟁점 분석 → 전략적 행동정리 → 프로그램 실행 → 목적과 목표 중심의 평가 쟁점 관리는 다음과 같은 다섯 단계를 거친다.
- 조직이 관련된 쟁점을 찾아낸다.(Issue Identification)
- 관련 공중에게 영향을 줄 수 있는 쟁점을 분석한다.(Issue Analysis)
- 조직이 동원할 수 있는 다양한 전략적 행동을 정리한다.
(Select Options)
- 공중의 쟁점인식에 영향을 줄 수 있는 프로그램을 실행한다.
(Action Programming)
- 목적과 목표 중심으로 실행된 프로그램을 평가한다.(Evaluation)
위의 단계를 하나씩 차례로 살펴보자.

(1) 쟁점 찾아내기(Issue Identification)

어떤 회사나 조직도 모든 문제(issue)를 동시에 다룰 수는 없다. 그래서 회사나 조직에 현재와 장래 가장 골칫거리가 될 수 있는 문제들을 찾아내는 과정을 개발해 두어야 한다. 향후 조직에 문제가 될 수 있는 쟁점들을 찾아내는 과정을 대개 다음과 같다.
- 핵심 간부를 지명한다.
- 고위 간부들과 비공식 토의를 가진다.
- 고위 간부를 상대로 하는 조사를 실행한다.
- 고위 경영진에 의한 심사와 평가에 의한 쟁점 선별
- 주요 쟁점 찾아내기
- 공식적인 일차 계획세우기

쟁점 찾아내기 단계의 목표는 들어나는 이슈에 대하여 초기 우선 순위를 정하는 것이다. 이 단계에서 쟁점들은 다음과 같은 요인들로 나누어 볼 수 있다.
- 문제 형태 : 사회적 문제인지, 경제적 성격의 것인지, 정치분야 쟁점인지, 아니면 기술분야 문제인지
- 쟁점의 영향과 영향이 미치는 기관 : 특정 기업, 특정 산업분야, 하청업체 등
- 지리적 범위 : 지방차원, 지역차원, 국가적 영역, 혹은 국제사회 영역인지
- 통제 범위 : 통제 불능 쟁점, 반통제 불능(semicontrollable), 통제 가능 쟁점

- 쟁점의 주목성 : 쟁점이 즉각적으로 주목을 받는지, 아니면 시간을 두고 받는지

(2) 쟁점 분석(Issue Analysis) 하기

우선 쟁점의 근원지를 찾아내야 한다. 이 쟁점이 사회적, 경제적, 정치적 혹은 기술적 분야에서 발생한 것인지를 알아야 한다. 그리고 과거에 이 쟁점에 대한 경험이 있는지 알아보고 정량적인 자료나 정성적인 자료들을 모두 정리한다. 여기서 자료는 조직 내에 보유하고 있는 것일 수도 있고 조직 외에 있는 것일 수도 있다. 쟁점과 관련하여 조직이 가지고 있는 문서, 보고서 등이 내부 자료일 수 있고 조직 외 자료로는 언론사 뉴스나 조사 자료 등이 될 수 있다. 필요하면 여론조사를 실시하여 쟁점의 현재 위치를 파악할 수도 있다.

관련 쟁점을 엄격하게 정의하며 그후 쟁점에 대한 해결방법이 장래 기업이나 조직의 미래에 어떤 영향을 줄지 고려하는 영향평가분석(impact analysis) 또는 긴급성이 어느 정도인지를 분석하는 과정이 필요하다.

이 단계에서 중요한 것은 내부자료 외부자료를 총 집합하여 경영진들이 판단하고 쟁점들의 우선 순위를 메기는 것이다.

◎ 쟁점 분석시 고려사항

- 이 쟁점은 얼마나 빠른 시간 내에 노출될 것인가?
- 이 쟁점이 우리 기업의 제품이나 기업운영에 미칠 영향은 어떤 것인가?
- 이 쟁점이 일정한 결실을 가져올 전망은 어떤가?
- 이 쟁점과 관련하여 주주들은 경영관리자가 어떻게 처리하기를 기대할 것인가?
- 이 쟁점에 대하여 기업의 경영관리자가 미칠 수 있는 영향력과 능력은 어떠한가?
- 이 쟁점을 관리하지 않을 경우 치러야 할 대가는 무엇인가?

(3) 전략적 행동 선택 (Select Options)

이 단계에서는 특정한 쟁점에 대응하는 선택이나 방법에 대한 우선 순위를 정하는 것이다. 우선 순위를 결정하는 기준은 회사나 조직의 중

장기적 목적에 적합한 것이어야 한다. 여기서 조직이 대응하는 주도력을 제대로 행사하지 못하면 주제의 쟁점에 희생물이 되고 만다. 전략적 행동 선택의 방향에는 크게 세 가지가 있다.

반응적 전략(Reactive), 적응적(Adaptive) 전략, 역동적(Dynamic) 전략이다. 물론 이 세 가지 전략이 서로 중복되거나 복합적으로 선택될 수도 있다.

① 반응적 전략

주제에 대하여 신중히 행동하자는 전략이다. 현재까지 해오던 방식대로 진행하면서 새로운 처방을 내리지 않는 것이다. 따라서 조직은 실행차원에서 주도권을 행사하지 않고 언제나 주요관심 그룹이나 단체들이 행동한 후에 대응하는 형태를 취한다. 자칫하면 실행의 주도권을 상실하고 나서 적절한 조치를 적절한 때에 취하지 못함으로 인해 화를 키우게 되는 수가 많다.

② 적응적 전략

이 전략은 사태발생에 대한 불가피성을 전제로 한 것이다. 쟁점과 관련되어 조직 안팎의 불리한 상황에서 변화를 잘 수용하는 전략이다.

③ 역동적 전략

이 전략은 쟁점의 진행방향을 조직이나 회사가 주도권을 가지고 실행에 옮기는 형태를 말한다. 이 전략은 반응적 전략이나 적응적 전략을 동시에 혼합하여 실행할 수 있다.

◎ 전략 개발의 유형

- 쟁점이 언론의 공공의제가 되는 것을 사전에 막는 일
- 쟁점이 언론의 공공의제가 되기 이전에 해당 사항을 실행에 옮기는 것
- 쟁점에 대한 정의와 언어의 사용을 통해 쟁점의 성격을 조절 또는 통제하는 것
- 기업이 정보를 어떻게 통제하고 유용하게 상용할 것인가에 대한 계획 수립

(4) 프로그램 실행 (Action Programming)

방법이나 계획에 대한 우선순위를 결정하고 나면 고위 경영진들은 선별된 전략에 대해 실행에 필요한 지원을 해야 한다. 회사가 보유하고

있는 인적, 물적, 재정적, 기술적, 정보차원 혹은 다른 차원의 자원을 조직하고 상호조정하는 과정을 거쳐야 한다.

(5) 평가

조직이 계획한 행동프로그램을 실행에 옮겼다하더라도 실제 기대한 목적이나 목표가 달성되었다고 할 수는 없다. 실행 전에 기획한 목적과 목표가 실제 현장에서 어떤 형태로 이루어졌는지 평가하는 작업이 이루어져서 기대치와 실제가 조사되어야 한다.

2) 쟁점 관리의 장애물

- 관리자들의 경영과 정책 관리에 대한 무지
- 중간 간부와 고급 간부들의 개혁에 대한 공포와 저항감
- 전문인 단체와 조직이 최초의 목표를 평가절하하려는 경향
- 외부 아이디어에 대한 적대감
- 고위 경영진이 쟁점 관리와 관련된 책임을 중간 간부들에 떠넘기는 기질
- 막무가내식 맞대응하려는 시도

3) 효과적 쟁점 관리를 준비

(1) 쟁점 관리 교육

조직 내에서 필요에 따라 외부 전문인 혹은 내부 강사를 초빙하여 세미나 혹은 토론형식으로 주요 쟁점에 대한 교육의 기회를 제공한다.

(2) 쟁점 관리 위원회 구성

서구의 많은 회사들은 쟁점 관리를 위한 별도의 위원회를 구성해두고 있다. 이 위원회는 주요 쟁점에 대한 자료 수집과 정보교환, 쟁점 관리에 필요한 의사결정 등에 대해 권위를 행사한다.

(3) 쟁점 관리를 위한 자료 제작

미국경영협회에서 발행한 공공업무 핸드북(Public Affairs Handbook) 같은 자료는 다양한 주제에 대한 쟁점 관리 자료들을 게재하고 있다. 외부 전문기관에서 발행한 자료를 내부 구성원들이 읽어보게 하는 것도 필요하지만, 조직이 관심있는 아주 특별한 주제는 조직 내에서 보다 깊이 있고 목표달성에 합리적인 자료를 발행하는 것이 바람직하다.

2. 위기관리(Crisis Management)

조직이 예상하지 못했던 위기상황에 직면하면 다음과 같은 징후들이 발생한다.

- **놀람** : 위기상황이라는 것은 자연재해나 인간이 만든 재해이든 부지불식간에 생겨나는 것이어서 당황하게 된다.
- **부족한 정보** : 위기상황이 벌어지면 많은 일들이 한꺼번에 쏟아진다. 소문이 무성하고 별의별 이야기들이 여기저기서 생겨난다. 따라서 정확하고 신뢰할 만한 정보가 절대적으로 부족하게 된다.
- **사건의 악화** : 상황이 점점 더 크게 발전한다. 주식이 떨어지고 언론이 불필요하게 취재를 요청하기도 하고 직원들이 자기 업무에 충실히 하지 않는 데서 또 다른 일이 벌어질 수도 있다.
- **통제 불능 상태** : 너무 많은 일들이 동시에 벌어져서 상황이 통제하기 어려운 국면으로 접어들 수 있다.
- **외부의 조사활동** : 언론, 주식중개소, 시민단체 등이 다양한 형태로 회사에 압력을 행사하거나 조사를 벌일 수 있다.
- **사면 초가의 심정** : 조직은 여론, 시민들의 반응, 정부기관의 압력, 언론의 취재 등으로 인해 포위된 느낌을 가질 수 있다.
- **공황(Panic)** : 공포감이 조직 전체를 압도할 수 있다. 상황이 지나치게 악화되어 합리적 대안이 제시되어도 경영진이 정상적 의사결정을 못하게 되어 결국은 제때 처방을 내리는 기회를 놓칠 수 있다.

1) 위기관리 준비

위기 상황이 발생하면 언론인들은 가능한 모든 방법을 동원해서 정보를 입수하기 위해 회사의 다양한 사람이나 부서를 접촉한다. 언론인들은 공공의 신뢰를 등에 업고 공공의 목적이라는 사회적 명제 하에 자기 스스로를 사회보호자로 칭하기 때문에 위기 상황에서 쉽게 특정인이나 집단 혹은 조직을 향해 책임을 지울 수도 있다.

위기 상황에서 필수적으로 취해야 할 것은 준비된 행동에 따라 적극적으로 대처하는 일이다. 위기 상황에서 해야 할 준비과정을 하나씩 정리해 보자.

위기관리 단계는 다음과 같다.

(1) 위기상황을 정의할 것(Define Crisis)

'인명 피해가 사망, 중상, 경상 어떤 형태인지' '시설파괴 정도는 어디까지인지, 그로 인한 생산차질 및 경제적 손실은 어떤 규모인지' '주식이 어느 정도로 손실을 입었는지'

(2) 위에서 규명된 다양한 위기 내용에 대하여 위기상황을 완화하는 행동 대응 제시

'오염된 식수를 마시지 마세요' '생산시설 내 사람의 접근을 금지한다.' 등의 행동조치로서 더 이상의 피해 발생을 방지해야 한다.

(3) 위기 발생 원인을 규명할 것

조직이나 기관이 위기상황의 원인을 분명히 알고 있다는 것을 공중이 이해하면 조직의 처방에 신뢰를 보일 것이다. 만약 조직이 위기상황의 진상을 제대로 파악하지 못하고 있다고 공중이 믿게 되면 조직 내 구성원은 물론 기타 다른 공중 구성원들이 일상적 과제로 돌아가지 않게 된다.

(4) 책임있는 위기관리 행동을 보여라

위기상황에서 현장에 경영진이 나타나서 상황을 진두지휘하고 필요한 조치를 취하는 것은 필수 행동이다. 일반 시민이나 언론들로 하여금 조직이 충분한 행동조치를 취하고 있다는 것을 알게 해야 한다.

2) 미디어 관계 조치

① 미디어 본부 설치할 것

위기상황에서 조직의 가장 취약한 부분이 미디어에 제일 먼저 노출될 수 있다. 이런 것을 방지하려면 미디어본부를 설치하고 미디어 관련 규칙을 정해두어야 한다. 그래야 언론이 무분별한 취재가 통제될 수 있다.

② 미디어 규칙을 만들 것

특정 설비 구역은 위험하니 출입을 통제한다든가, 조직 내 모든 정보 공유는 특정 부서에서 제공하니 특정 부서를 상대로 정보를 취재하라든가 하는 형식의 미디어들이 따라야 하는 임시 행동지침을 제시할 것. 조심해야 될 것은 자칫 숨기는 내용이 있는 것처럼 보인다든가 비협조적인 자세로 임하는 모양을 띠어서는 역효과이다.

③ 구체적 정보 제공할 것

위기상황에서 미디어들은 상황을 설명하는 구체적인 정보에 주목하게 된다. 몇 명의 인명피해가 어떤 정도로 발생했는지. 피해규모는 어떤지.

④ 추측하지 말 것

숫자나 원인을 잘 모른다고 추측해서는 안 된다. 조사 중임을 알려주어라.

⑤ 신속하게 말하고 자주 자료를 제공할 것

위기상황에서 속도는 최초의 처방이다.

⑥ 모든 언론에 협조적인 행동을 보일 것

언론사의 규모에 따라 혹은 지방언론과 중앙 언론을 차별 대우하는 행동은 절대 금물이다.

3) 위기상황에 필요한 목표

① 위기국면을 신속히 종결시킬 것
② 피해를 최소화 할 것
③ 신뢰를 회복할 것

4) 위기 유형

(1) 유성 위기(Meteor Crisis)

하늘에서 예상하지 못한 상태에서 별이 떨어지는 것처럼, 예측불허의 위기가 닥쳐 심각한 피해를 주는 상황을 말한다. 대개의 경우 이런 위기를 당한 조직은 단순히 위기 희생자이다. 그러나 위기상황에 적절하게 대응하지 않으면 주요 수용자들이 자신감을 상실하게 된다. 조직이 이런 위기에 대처하는 능력에 따라 조직관련 구성원이나 이해당사자들이 조직에 대하여 책임감 있다거나, 구성원을 배려한다거나, 아니면 무관심한 조직이라거나 책임을 방관하는 등의 인식을 가질 수 있다. 음료수 병에 이물질을 몰래 집어넣는 사건이든지, 지진, 태풍 등이 회사에 심각한 영향을 미치는 경우 등이 유성 위기에 해당한다.

(2) 포식자 위기(Predator Crisis)

회사를 의도적으로 흠집내려는 개인이나 집단이 회사 밖에서 위기를 만들어내는 경우이다. 퇴직한 직원이 회사의 중요한 내용을 언론에 터뜨린다든지, 경쟁회사가 우리 회사의 기술력이나 시장활동에 대항하기 위해 특허침해 소송을 제기한다든지, 정부의 새로운 규제로 인해 회사가 경영의 폭이 좁아졌을 때, 포식자 위기를 맞는 것이다.

(3) 고장 위기(Breakdown Crisis)

고장 위기는 회사가 경영과정에 실패하여 발생하는 것이다. 회사가 위기발생의 전적인 원인을 제공했기 때문에 위기형태 가운데서 가장 다루기 힘든 경우가 될 수 있다. 만약 최근에 고용된 신규직원이 특별한 위험장비관리나 위험지역 훈련을 받지 않은 채로 현장에 투입되었다고 가정하자. 이 신임직원이 특별한 계기조작이나 작동을 제대로 하지 못해서 대형폭발을 일으켰다면 어떻게 될까? 그 직원의 책임보다 회사 전체 즉 경영진에 대한 책임이 크다고 볼 수 있다. 경영진이나 직원이 저지르는 재정관련 부정행위로 인해 회사가 곤경에 처하는 경우도 고장위기에 해당한다.

(4) 변질된 위기(Morphing Crisis)

포식자 위기가 쉽게 고장 위기로 변질될 수 있다. 포식자 위기상황에서 위기상황을 제공한 포식자(predator)에 대한 수용자의 관심이 회사가 잘못해서 위기가 발생한 것으로 인식하기 시작하면 고장 위기 즉 회사 책임의 위기 국면으로 악화되는 것이다. 유성 위기도 고장 위기로 악화될 수 있다.

5) 위기상황에서 우선순위

회사에서 위기상황이 발생할 경우, 대부분은 주식가격을 보호하는 걱정을 많이 하고 그것에 맞는 조치를 선택하는 경우가 많다. 현실은 그렇지 않다. 투자자들의 주시가격 유지를 우선시하는 정책은 언제나 실패하게 마련이고 결국 주가는 곤두박질하게 되어 있다. 위기상황에서 회사의 주식가격을 보호하고 싶다면 다음과 같은 순서로 수용자의 우선순위를 두어야 한다.

① 위기상황으로부터 영향이나 피해를 받은 개인이나 집단
② 소비자
③ 직원

④ 회사의 경영 활동이 미치는 지역 사회

⑤ 주식 보유자

6) 위기관리 점검사항(Check List)

(1) 해야 할 일

① 사실 정보를 수집하고 중앙정보관리 센터에서 정제하고 그 정보를 전할 것

② 훈련된 대변인을 통해 일관된 목소리가 나도록 할 것

③ 신뢰할 만한 대변인을 선발하고 훈련시키고 모든 정보를 집중시킬 것

④ 언론이 정보에 접촉할 수 있는 창구를 적절히 만들어 언론이 다른 정보원에 접근하지 않도록 할 것

⑤ 회사 스스로 나쁜 뉴스를 전달할 것. 언론이 찾아내어 나쁜 뉴스를 전달하는 경우 회사가 책임이 있는 것으로 드러나고 위기를 악화시킴

⑥ 회사의 입장을 신속하고 개방적 자세로 그리고 정직하게 전달하여 모든 의심과 소문을 잠재울 것

⑦ 만약 회사가 특정 문제에 대하여 이야기를 할 수 없다면 이유를 제시할 것

⑧ 성명서에는 충분한 증거자료를 제시할 것

⑨ 위기상황이 전개되는 가운데서 모든 사건과 정황을 기록할 것 사진, 동영상자료 등은 나중에 회사의 입장을 설명하는 자료로 활용할 수 있음.

⑩ 위기 상황의 커뮤니케이션 계획을 주기적으로 점검할 것

(2) 하지 말아야 할 일

① 'No Comment'라는 말은 의심을 불러일으켜 더 많은 조사를 하게 한다.

② 위기 시의 주제에 대하여 언쟁이나 논쟁은 하지 말 것.

③ 위기에 대한 비난을 비판하지 말 것.

④ 상황에 대하여 민감한 반응을 보이지 말고 과장하지 말 것.

⑤ 회사 정책이나 정해진 위기관리 과정을 회피하지 말 것.

⑥ '보도 금지'를 요구하는 자료는 만들지 말 것.

7) 위기 관리에 필요한 전략 형태

(1) 위기 부인 전략

위기 상황이 없음을 알리고 위기의 존재를 주장하는 집단이나 기관에 대해 보다 공격적인 대응형태를 띠는 전략이다. 위기가 아니거나 없음을 해명하는 비교적 수동적 대응이 있을 수도 있고 상대를 보다 적극적 형태로 제압하기 위해 법적 책임까지도 고려한다는 대응자세를 보일 수도 있다.

(2) 거리두기 전략

위기가 있다는 사실은 인정하지만 그 위기가 회사와의 관계에서 관련성을 부인하는 전략이다. 위기에 대한 조직의 책임이 없다는 점을 강조하거나 위기상황을 최소화하는 전략이 필요하다. 특히 위기상황이 회사의 통제영역 외부에 있을 때는 변명전략이 적절하다.

(3) 환심사기 전략

과거 호의적 이미지를 바탕으로 하여 현재 직면하고 있는 위기상황이 미치는 부정적 이미지를 약화시키려는 시도이다. 이전에 부정적 이미지가 강했던 조직은 환심 사기 전략이 의미가없다.

(4) 굴욕감수 전략

위기 상황에 대한 조직의 책임을 인정하는 단계가 우선되는 전략이다. 그리고 목표 수용자로부터 이해와 용서를 구하는 전략이다. 굴욕감수 전략은 대개 다음과 같은 보다 구체적인 차원으로 진행된다. 회사의 잘못에 대한 사과와 용서를 구하는 참회 메시지, 위기로 인해 피해를 본 희생자 혹은 피해자에 대한 보상제공 등의 치유 메시지, 앞으로 발생할 수 있는 장래 위기상황에 대한 처방 등의 교정메시지 전략 등이 순차적으로 실행된다.

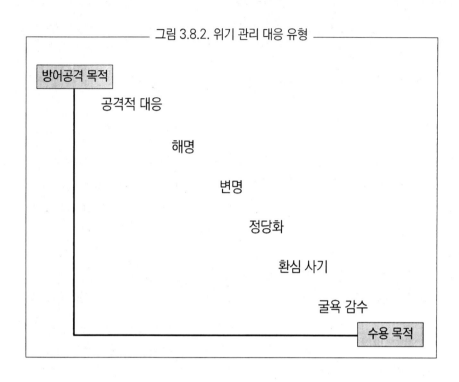

그림 3.8.2. 위기 관리 대응 유형

방어공격 목적

공격적 대응

해명

변명

정당화

환심 사기

굴욕 감수

수용 목적

그림 3.8.3. 조직의 책임수준에 따른 위기상황과 적용전략

소문	자연재해	테러	사고	범죄
낮은 책임성			높은 책임성	
전용전략				
공격 해명	변명	변명 희생자 보상 및 치유	변명 정당화 환심 사기 굴욕 감수	굴욕 감수

9장
정부 관계(Government Relations)

◆ 정부 관계를 위한 활동은 어떤 것이 있나?
◆ 조직과 기관의 정치영역 커뮤니케이션 이유와 방법은 무엇인가?

정부 내에서든 정부 외부에서든 현재보다 효과적인 대 국민 커뮤니케이션 실행이 필요하다는 점에는 동의한다. 왜냐하면 자유로운 커뮤니케이션이 존재하는 곳에서는 민주정치가 살아남기 때문이다. 그러나 PR실무자의 입장에서 보면 정부 관계 커뮤니케이션 문제는 그리 간단한 영역이 아니다. 정치 영역의 작동 메커니즘이 일반적으로 이해하고 있는 것보다 훨씬 많은 요소들이 포함되어 있어서 복잡하기 때문이다.

정부 관계라는 것은 조직이나 기업이 정부와의 관계에서 호의적 관계를 형성하고 유지하기 위하여, 경제적, 사회적, 법률적 문제를 해결하기 위하여, 나아가 조직의 발전이나 성장을 이루기 위하여 벌이는 일련의 정부상대의 커뮤니케이션 활동을 말한다.

1. PR과 정치

정치 캠페인의 활동 양과 비용이 예전과 달리 엄청난 규모로 성장해온 게 사실이다. 정치 과정이 민주화로 진행됨에 따라 지방자치 단체의 구와 군단위 의원 선거, 그리고 교육감 선거에서부터 대통령 선거에 이르기까지(미국은 검사나 판사까지도 선거를 통해 뽑는다.) 예전에 경험하지 못한 선거 홍수의 민주정치를 소비하고 있다. 정치 영역에서 캠페인의 양적 규모가 팽창한다는 것은 그만큼 커뮤니케이션 전문인 요구도 높아졌다는 점을 의미한다.

특히 최근에는 기술적으로 발달한 수단들(스마트폰, 태블릿 컴퓨터, 블로

그, 트위터 등)의 등장으로 인해 전통적 의미의 정치커뮤니케이션 활동이 제대로 효과를 얻지 못하고 있다.

2. 공공업무(Public Affairs)와 PR

공공업무라는 용어는 사실상 PR이라는 용어와 거의 동의어로 사용되어 왔으며 조직의 정치 환경을 다루는 커뮤니케이션을 말한다. 더러는 이 용어를 정부 PR이라고 하기도 한다. 공공업무와 관련된 커뮤니케이션 활동은 이슈관리(Issue Management)와도 관련이 있는데 조직의 활동이나 환경에 영향을 줄 수 있는 이슈에 조직이 대응하는 커뮤니케이션을 다루기 때문이다. 공공업무 활동은 여론형성이나 입법과정에 영향을 미치려고 하며 공중의 걱정거리에 효과적으로 대응하는 방법을 개발하거나 조직이 공중의 기대에 잘 적응하도록 도와주는 역할을 한다. 좀 더 구체적으로 본다면, 공공업무라는 것은 공공정책을 알아보고 노동자와 다른 구성원들에게 정치관련 교육 컨텐츠를 제공하는가 하면, 다른 정부기관과 관계를 원만히 유지하도록 하며, 조직과 연관된 주제에 대하여 정치적 참여를 장려하는 것을 말한다.

미국에서는 1970년대 말이나 1980년대 초까지만 해도 공공업무라는 것은 조직의 자원으로 간주되거나 간부들의 참여하고 그 업무의 세밀한 업무 내용 등이 정리된 영역이 아니었다. 거대 기업들이 정치 영역의 영향력에 대해 눈을 뜨기 시작하면서 공공업무 영역이 주목을 받기 시작한 것이다. 특히 노조, 교사노조, 병원, 기업, 각종 문화단체 등이 정부를 상대로 해야 하는 현실적 문제와 동시에 기회에 직면하게 된 후 공공업무 영역은 비영리 단체의 주된 활동이 되었다. 모두가 정부기관과 원만한 커뮤니케이션을 기대하고 정부영역에서 영향력을 지닌 사람들을 이해시키고 관계를 형성하고 유지하는 노력을 높여나갔다. 정부의 영향력을 이해한 후부터 조직들은 정부 정책의 성립과정, 실행이나 집행과정 등에 대해 깊이 있는 연구를 하기 시작한 것이다.

오늘날 정부와 관련된 문제를 다루는 커뮤니케이션 활동을 하지 않고 PR 활동이 완전하다고 할 수 없다. 이 일은 정보 수집, 정보 가공 그리고 정보 확산이라는 다소 복잡한 일련의 과정을 거친다. 사실적 정보 수집과 제공이 정부관계에 대한 프로그램으로서는 아주 중요한 활동이다. PR실무자들이 초기에 정보수집하는 일은 사실상 언론사 기자와 같은 일이라 할 수 있다.

정보를 수집하고 정리한 후 정부관계 실무자는 그 정보들이 조직이나 기업에 어떤 영향을 미칠 수 있는지 다양한 측면에서 평가해봐야 한다. 그런 다음 그 정보는 조직의 의사결정권자, 노동자들, 주주들과 기타 관련된 공중들에게 배포될 수 있다.

공공업무 프로세스는 다음과 같다.

정보수집 → 정보 가공 → 정보 확산

3. 정부 관계를 위한 활동

1) 대정부 로비

국내의 현재 국민적 정서와 법률적 규제 측면에서 보면, 로비는 거의 대부분의 국민에게 부정적인 활동으로 인식되고 있으며 실제로 사실상 거의 불법의 영역이라 해도 지나친 말은 아니다. 선진국은 정부나 정보관련 기관을 상대로 조직, 기업 혹은 각종 시민단체들이 다양한 형태의 로비를 합법적으로 벌이고 있다. 물론 금품 수수를 로비라고 말하는 것은 아니다. 대부분 정부나 정부관련 기관을 상대로 인맥을 구축하고 조직이나 기업이 필요로 하는 **입법활동**에 요구되는 유용한 정보를 제공하여 특정 법률이 제정되거나 **폐기되도록** 하는 역할을 담당한다.

로비 관련 활동에서 다음과 같은 내용을 다루게 된다.

- **사실적 정보정리**(Fact finding) : 정부기관은 엄청나게 많은 자료를 보유하고 있는 정보원이다. 적법한 절차를 거치고 정확한 정보를 찾아서 자료로 만들어야 한다.

- **정부활동에 대한 정확한 해석** : PR실무자는 특정한 정부활동이 조직의 어떤 차원에 영향을 미칠 수 있는지 정확히 해석하고 그에 따른 자료준비를 해야 한다.

- **조직이나 기업활동에 대한 해석** : 조직이나 기업의 특정 활동이 입법과정이나 정부에 어떤 영향을 미칠 것인지도 해석해야 한다.

- 입장 변호 : 조직이나 기업을 위해 사실적 정보를 제공하는 것뿐 아니라, 공정한 평가나 심사나 입법과정을 거칠 수 있도록 입장을 전달하는 활동을 벌여야 한다.
- 퍼블리시티 기회로 활용 : 다른 어떤 기관보다 정부기관을 출발로 한 기사거리가 많다. 정부관련 뉴스나 뉴스 자료를 활용해서 조직이나 기업의 퍼블리시티를 돕는다.
- 조직 및 기업의 판매지원 : 정부기관은 엄청난 규모의 구매력을 지닌 소비자 집단이라 할 수 있다.

◎ 입법자를 접촉하는 방법
- 독립적 시각 제안 : 국회의원 같은 입법자들은 독자적인 시각을 가지고 싶어한다.
- 충분한 정보제안 : 정부기관은 정보로 넘쳐난다. 시의성 있는 사실 정보 제안, 주제에 대한 심도 있는 정보, 구체성 있는 보기.
- 폭 넓은 자세와 장기적 안목으로 접근하기 : 단기적 이익이나 작은 규모의 이슈에 집착하지 말 것.
- 실질적 가치를 제안할 것 : 정치인들은 실제적 집행가치가 있는 것들을 선호한다.
- 정직할 것 : 정치인과 언론은 가짜를 쉽게 알아본다. 정직이 가장 좋은 전술이다.

2) 사회공헌 활동

지역 사회는 물론 전국을 상대로 조직이나 기업이 금전적 자원을 기금 형태로 제공하거나 기업의 전문인력과 전문성을 사회에 기부하는 활동은 정부기관과의 관계 개선뿐 아니라 국민을 상대로 호의적 여론을 형성하는 데 기여할 수 있다. 그렇게 해서 획득한 호의적 여론은 정부기관을 상대로 직접 혹은 간접적으로 조직의 활동에 유리하도록 영향을 미친다.

3) 인적 자원 관리

소위 영향력 있는 실세를 찾아내고 관리하는 일이다.

조직과 연관이 있는 인물을 찾아내고 역할이나 중요도를 나누어 인재 Pool을 구성해야 할 필요가 있다. 법률 서비스를 제공하는 많은 법무법인이나 대기업들이 전직 고위관료를 모셔가는 일이 왜 필요할까?

4) NGO 관리

민주적 의사결정이 존중되는 사회일수록 시민단체의 목소리가 다양하게 정부 영역에 작용한다. 따라서 NGO 즉 시민단체와의 관계를 우호적으로 형성하고 유지해야 조직이나 기업의 주요 문제에 대하여 실행과정에 문제를 피하고 실행과정에 효율을 높일 수 있다.

조직이나 기관이 정치영역으로 들어가 커뮤니케이션을 하는 이유와 방법을 그림으로 정리하면 다음과 같다.

〈조직과 기관의 정치영역 커뮤니케이션 이유와 방법〉

이유	방법	
정부정책을 비판/지지 목적	정보관련활동	→ 지지광고 → 조사보고서/언론 홍보 → 언론인터뷰, 연설 → 증언
관련단체 활동에 반대 목적	정치적 활동/선거활동	→ 자발적 정치활동참여 → 정치캠페인 지원 → 정치관련 위원회 참여
경쟁기업의 활동 저지 목적	정부활동	→ 연대 결성 → 편지 보내기 → 로비
노조활동에 저지 목적	기업/조직 소송활동	→ 법원업무 활동

(참고문헌)

Green, Peter Sheldon (1994), Winning PR Tactics! London: Pitman Publishing.

Cutlip, Scott M., Center, Allen H., and Broom, Glen M. (   ), Effective Public Relations, Englewood Cliffs, New Jersey: Prentice-Hall, Inc.,

Neil H. Jacoby, Corporate Power and Social Responsibility (New York: MacMillan, 1973), 150.

Walter Guzzardi, "Business is Learning How to Win in Washington." Fortune (27 March 1978). 55

Steven Markowitz, "On the Homefront." Public Relations Journal (June 1986): 16.

10장
국제PR

◆ 국제PR의 중요 요소는 무엇인가?

◆ 국제PR의 주요 관점은 무엇인가?

◆ 국제PR의 주요 고려 요인은 무엇인가?

◆ 국제PR의 구체적 차원은 무엇인가?

◆ 국제PR의 전략은 어떤 것이 있나?

1. 국제PR 관점과 구체적 차원

정보화 관련 기술이 발달하고 경제 활동이 국경을 초월하여 진행되는 21세기는 그야말로 국제PR이 진가를 발휘하는 시대라 할 수 있다. 국제PR 활동이 왕성해질 수밖에 없는 이유는 대략 다음과 같다.

- 통신기술의 발달을 통해 세계를 무대로 제품이 판매되고, 서비스가 세계 구석구석 전달되고 심지어 라이프스타일이 지구촌을 상대로 장애없이 소개되고 영향을 서로 주고 받는 상황이 되었다.

- NAFTA(the North American Free Trade Agreement), APEC(Asia Pacific Economic Conference), EEC(the European Economic Community) 같은 경제블록들이 최근 새로운 전선을 형성함에 따라 지역별 생산물들이 국제적으로 소비자들을 좀 더 긴밀하게 만들었다.

- 세계적으로 모든 소비자들이 공동의 목적을 추구하게 되는 경향이 생겨났다. 공동의 목적 가운데는 인구성장 감소, 환경보호, 테러리즘에 대한 저항, 에이즈 같은 질병 방지 등이 될 수 있다.

이와 같이 국제무역 거래나 정보의 흐름이 국경없이 진행됨에 따라 PR도

동일 현상을 직면하게 된 것이다. 사실 국제PR협회가 생기기는 1955년이며 당시 회원국 수는 95개 나라였다.

그림 3.10.1. 국제PR에서 고려 요인과 구체적 차원

국제PR 관점	국제PR 고려요인	구체적 차원	전 략
사회학적	언어		표준화 전략 현지화 전략
문화인류학적	종교, 가치관, 태도	개인/집단주의 불확실성회피 권력거리 남성/여성주의	
정치적	정치 형태	제도적 규제 정치적 안정 국가간 관계	
마케팅적	경제구조	무역관계 매체상황 경제발전 정도	
커뮤니케이션	매체보급 현황 주요언론 언론보도 행태	고맥락 저맥락	

위 표의 내용을 좀 더 구체적으로 정리해 보자.

1) 국제PR의 관점

(1) 사회학적 관점

세계가 통신기술의 발달로 인해 국가별 혹은 집단, 개인 간 상호의존 정도가 심화되었다. 상호의존의 정도가 깊어짐으로 인해 발생하는 현상이 융합 즉 지구촌의 동질화 경향이다. 그 결과 지구촌의 커뮤니케이션 행태가 점점 더 단순해지는 표준화 경향을 띠게 되었다. 기술발달로 인해 생겨난 또 다른 현상은 분화이다. 특히 뉴미디어의 등장으로 인해 소비자들을 다양한 형태로 나누어지게 되었다. 지역 간, 세대 간, 소득 수준 간 등으로 소비자 덩어리가 나누어진 것이다. 따라서 국제PR에서는

융합과 분산이라는 현상에 필요한 조치가 연구되어야 한다.

(2) 문화인류학적 관점 : 가치관 혹은 태도

　나라마다 대륙에 따라 혹은 동일 대륙이라도 지역에 따라 고유한 문화영역이 존재한다. 국제PR은 이런 고유의 문화영역을 고려한 전략적 조치가 동원되어야 한다.

　① 개인/집단주의 : 수용자의 일상생활 중 의사결정과정이 개인의 이익을 중요하게 여기는지 아니면 집단의 이익을 중요하게 여기는지에 관한 경향을 일컫는다. 동양권 수용자들은 서양의 수용자들에 비해 일반적으로 집단주의적 가치를 선호하거나 그런 경향에 맞는 행동을 취한다.

　② 불확실성 회피 : 확실하지 않은 정보에 대한 거부반응 정도나 경향을 나타낸다. 예를 들면 소득수준이 낮은 국가의 수용자들은 소득수준이 높은 국가의 수용자들에 비해 불확실한 정보를 회피하는 정도가 낮다. 즉　소득수준이 낮은 국가의 수용자들은 소문이나 유언비어을 사실대로 받아들일 확률이 높다는 것을 말한다. 같은 국가에서도 소득 수준, 교육수준, 사회적 계층에 따라 불확실한 정보에 대한 반응 정도가 다르다.

　③ 권력거리 : 권력, 명예, 부 등이 사회 계층 간에 균등한 정도로 배분되어 있는지를 말한다. 일반적으로 소득이 낮은 국가일수록 권력이나 부가　소수 특권 계층으로 몰려있을 수 있다.

　④ 남성/여성주의 : 특정 사회에서 남성과 여성이 상대적으로 어떤 위치를 점하고 있는가를 말한다. 예를 들면 이슬람 문화권, 유교 문화권 등에서는 남성이 사회적 구조에서 우위에 있거나 일상에서도 의사결정권이 여성우위에 있을 확률이 높다. 즉 이들 지역에서는 남성주의적 경향이 강하다.

(3) 정치적 관점

　쌍방 국가간 상대에 대한 국가이미지는 어떠한지 제도적 상황은 어떤지 정치적 안정상태는 어느 정도인지 국가간 관계는 어떤지 등에 관한 선행 연구가 필수요소이다.

(4) 마케팅적 관점

PR은 마케팅 활동을 지원하며 결국 마케팅 목표달성에 기여해야 한다. 자연히 PR프로그램이 실행될 현지에 대한 마케팅적 관점 즉 전통적 네 요인인 제품, 가격, 유통, 촉진에 관한 상황연구가 필요하다.

(5) 커뮤니케이션 관점

PR은 국제 무대에서 국가간 미디어를 활용한 정보교류가 중요한 역할을 차지한다. 미디어 역할의 중요성을 말한다. 따라서 해당 국가의 매체보급 현황, 주요언론과 그 언론의 보도 행태 등에 대한 자료를 고려해야 한다.

커뮤니케이션 과정에서 상황이나 정보를 얼마나 중요하게 여기는가에 따라 다음과 같이 나눈다.

① **고맥락(High Context)** : 일상의 대화나 의사결정과정에서 관계나 상황을 중요하게 여기면 고맥락주의 행태를 말한다. 일반적으로 동양 문화권이 고맥락 행태를 보인다.

② **저맥락(Low Context)** : 서양문화권은 상황이나 관계보다는 의사결정과정에서 정보를 보다 중요하게 여긴다. 표현에 있어서 관계나 상황보다는 정확한 정보제시가 우선 요구되는 문화권이라는 것이다.

2.국제PR 전략

국제 무대에서 PR캠페인 혹은 커뮤니케이션 캠페인 전략은 크게 두 가지로 구분된다. 첫째는 표준화 전략이고 둘째는 현지화 전략이다. 표준화 (standardization)라는 것은 동일 메시지나 표현으로 국제 무대에서 필요한 곳에 메시지를 노출시키거나 커뮤니케이션을 실행하는 방법을 말한다. 이런 전략은 세계가 빠른 속도로 상호간 다양한 형태로 영향을 주고 받는 상황으로 접어들면서 목표수용자의 가치체계가 상당 수준 동질화되어가고 있으며, 그로 인해 커뮤니케이션 형태도 동일한 경향을 띠고 있음을 전제로 한다. 스포츠 용품업체인 NIKE, 세계적 음료브랜드 Coca Cola 등은 자국에서 제작한 광고 메시지나 제작물을 전 세계에 동일하게 배포하고 노출시켜 세계적인 브랜드임을 유감없이 발휘하고 있다.

표준화 전략은 일반적으로 다국적 기업이 세계를 무대로 경제활동을 활발하게 한 이후인 1990년대에 본격화되기 시작했다.

이와 반대로 현지화(localization)는 지역별로 혹은 국가별로 다른 목표수용자를 상대로 지역이나 국가에 적당한 메시지나 커뮤니케이션 방법을 선별적으로 적용하는 것을 말한다. 세계적으로 국제화 혹은 세계화가 진행되었다 해도 지역이나 국가별로 여전히 고유한 가치나 존중해야 할 문화적 영역이 존재하기 때문에 이 같은 점을 메시지 제작이나 커뮤니케이션 방법에 충분히 고려하는 전략이다. 또한 지역이나 국가별로 정보통신 인프라의 구비 정도, 매체환경의 차이, 매체이용 행태의 차이 등으로 인해 표준화보다는 현지화가 더 효과적일 수도 있다.

표준화와 현지화 중에서 어느 쪽이 옳으냐 하는 문제는 목표시장에 대한 현황분석을 기준으로 커뮤니케이션 목표달성을 위해 유리한 전략을 선택하는 것이 바람직하다.

그림 3.10.2. 전략 비교

표준화 전략	유리한 점	동일 메시지나 동일 커뮤니케이션 실행으로 기획에서 제작까지 관리의 단순화와 용이함. 제작비용 저렴. 매체이용료 절약, 커뮤니케이션 과정에 대한 통제의 용이성. 동일 메시지나 커뮤니케이션으로 국제적 이미지나 위상구축에 유리할 수 있음.
	불리한 점	목표 지역에 고유하게 존재하는 문화나 가치체계와의 충돌로 인한 커뮤니케이션 목표달성에 위험요소 잠재
현지화 전략	유리한 점	지역별 혹은 국가별 목표수용자의 요구와 필요에 맞게 메시지나 커뮤니케이션 방법 선택으로 메시지 이해도 향상에 용이함. 목표지역의 특이성, 고유성, 시장 상황을 고려한 전략이어서 메시지의 수용성 등이 수월함.
	불리한 점	메시지 제작 비용이 많이 소요됨. 지역이나 국가별로 다른 커뮤니케이션 선택으로 인해 많은 인력 소요와 전문성 요구됨. 다양한 커뮤니케이션 실행으로 과정 관리가 복잡할 수 있음. 국제적 브랜드로서 위상 구축에는 표준화보다 불리할 수 있음.

11장

공중참여(Public Engagement : P.E.)

◆ 공중참여 형태인 시민역량 창조는 어떻게 하나?

◆ 공중참여를 위한 원칙은?

◆ 효과적인 공중참여 과정은?

1. 시민역량 창조하기

지속적인 영향을 얻기 위해 공중참여는 행사중심의 접근을 넘어서야 한다. 그래야 시민실천 습관이 발전할 수 있고 지역사회의 일상에 자리잡게 되기 때문이다. 이처럼 행사차원을 넘어서는 공중참여는 의사결정의 올바른 문화를 창조하고 그 과정에서 시민과 지도자들이 지역사회의 주요 현안에 대해 책임을 공유하게 된다.

공중참여에 대하여 일반적으로 시도하는 잘못된 접근이 있다.

첫째는, 공청회(public hearing)로서 시민들이 자기들 의견을 표현하는 기회로 여기긴 하지만 1) 분노하는 공중 2) 아주 잘 조직된 공중조직 이들 두 집단에 의해 공청회가 압도되곤 한다. 그래서 일반 공중(general public)들은 주변으로 밀려나고 공청회는 의미있는 수준의 의견을 모으기는 어려워지게 되는 경우가 많다.

둘째 접근은, 전문가 집단으로부터 의견 청취이다.

이 과정은 위의 공청회 흐름과 정반대이다. 일부 전문가 집단으로부터 비교적 정확한 정보를 수집하고 불필요한 정보를 차단하여 합리적 의사결정을 보다 쉽게 내리고자 하는 전략이다.

(1) 청취하는 것부터 시작하라.

공중과 대화하고 공중을 참여시켜 공중의 의견을 이해하기 위해서는 신중하고 체계적인 듣기가 필요하다. 특정주제에 대하여 비전문가가 격정하는 주제의 성격에 깨어 있어야 한다. 비전문가들이 주제와 토론할 **때** 사용하는 단어, 그들의 걱정거리, 바라는 것, 지식의 근거, 잘못 알고 있는 것, 해결책과 관련하여 초기 접근방식들에 대하여 귀를 기울여야 한다.

이렇게 하면 공중을 참여시키는 문제에 대하여 공중들의 비생산적 용어나 비생산적 위치에 대하여 잘못된 판단을 피할 수 있다.

서베이를 통해 실제 의견을 조사할 수도 있다.

(2) 사람들의 앞서가는 걱정(leading concern)에 귀 기울여라.

지도자와 전문가의 우선 순위가 공중들의 우선 순위와 차이가 있을 **때**, 공중은 지도자와 전문가의 견해를 잘 받아들이는 경향이 있음을 알 **아야** 한다.

(3) 일반적 공중의 영역을 훨씬 더 넘어서는 공중에까지 접근하라.

이미 조직이 잘 되어 있어서 영향력을 행사하고 있는 그룹이나 큰 소리를 내고 있는 공중을 참여시키는 일은 아주 쉽다. 보통의 경우, 자기들 목소리가 소외되었거나 외면당한 자들의 의견을 듣는다는 것은 다양한 수단과 방법이 필요하다.

(4) 메시지 전달의 틀은 공중의 입장에서 시작하라.

공중은 다양한 형태로 구성되어있다. 메시지의 형태와 구성은 공중의 수준에 맞춰서 진행해야 한다. 소위 "시민의 선택(citizen choicework)" 으로 진행해야 한다는 말이다.

(5) 적절한 형태의 정보, 적절한 양의 정보를 적절한 시간에 제공하라.

지나치게 모자라서 내용을 완전히 이해하기 어렵거나, 너무 많은 정보제공으로 주제를 이해하는 데 혼란스럽다면 곤란하다.

간결하고 사려 깊은 정보를 최적의 시간에 맞춰 제공하면 공중의 참여를 높일 수 있다.

(6) 생각으로 기대만 하는 수준을 넘어서도록 하라.

공중의 참여를 유도하는 것은 다양한 방법이 동원이 요구된다. 공중의 현실과 진지함이 동시에 고려하여 일반적으로 나타나는 반응을 넘어서도록 하라.

(7) 장애물과 저항을 예상해야 한다.

보통의 사람들이 어떤 문제에 직면하여 문제해결을 시도하고 정보를 습득하는 일이 쉽지 않다.

(8) 신중함과 대화를 통해 다양한 기회를 창출하라.

특정 이슈에 대해 사람들이 다양한 단계를 경험할 필요가 있다. 그래서 그들이 기꺼이 지원하고 어떤 방법이 자기가 진정으로 기여하게 되는지를 결정하게 해야 한다.

주도적 참여를 이끌어내려면 특정 문제에 대하여 알게 되고, 말하게 하고 생각하게 하고 행동하게 하는 다양한 기회가 주어져야 한다.

(9) 공중의 관심에 사려깊게 대응하라.

공중의 참여에 사려 깊게 대응한다는 것은 공중의 아이디어나 걱정이 잘 관리되어야 한다는 것을 말한다. 공중의 아이디어나 걱정이 어떤 것은 받아들여지고 다른 것은 거절되는 경우가 있을 수 있다. 사려 깊은 대응으로 상호이해를 해야 한다.

(10) 장거리 역량(long term capacity)을 키워야 한다.

한 번의 공중참여 프로젝트가 마쳤을 때, 그것은 문제해결을 위한 공중참여 운동이기도 하지만 길게 보면 한 번의 실험이기도 하다. 즉 다음번에 보다 큰 규모의 공중참여, 혹은 지리적으로 보다 넓은 규모의 공중, 혹은 주제의 성격을 확장시켜 공중 참여를 유도하기 위해 무엇을 어떻게 해야 하는지를 알아야 한다.

그림 3.11.1. 공중참여 전략

	강점	약점
Focus Groups	적은 수로 구성된 이해관계자 모임을 통해 다양한 정보를 얻을 수 있음. 정밀한 기획이 가능. 기획한 내용을 사전에 점검할 수 있음.	조사 참가자들이 적극적 의견 표시 안 할 경우 정보수집 어려움. 참여자들이 기획자들의 의도에 적극적으로 참여하는 동기부여가 필요함. 동기부여를 위해 미리 준비된 자료나 전문인이 필요함.
이해관계자 대화 (Stakeholder Dialogues)	포커스 그룹처럼, 기획하는 일에 가장 중요한 집단을 상대함. 비용이 적게 듦. 특별한 전문가가 요구되지 않음. 외부의 특별한 도움 없이도 기획을 실천할 수 있는 집단임.	시간과 정성이 필요함. 정보전달과 참여를 적극적으로 조장하지는 않음. 특정 이슈는 이해관계자의 특성에 따라 선별적으로 다루어야 할 수도 있음.
지역주민간담회 (Community Conversations)	가장 큰 규모의 공중과 접촉하여 다양한 형태의 정보수집 가능. 언론의 긍정적 보도가능성으로 일반인의 인지도가 높일 수 있음. 예상 밖의 아이디어, 자원, 협력자들을 얻을 수 있음.	노력이 많이 요구됨. 준비시간이 많이 요구. 특히 다양한 참여자들을 필요할 경우. 공중들을 지속적으로 추적하고 정보제공하고 지속적 참여의식을 갖도록 해야 함.

그림 3.11.2. PE의 과정

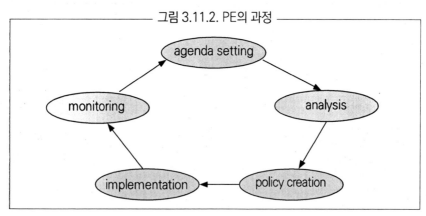

그림 3.11.2. 효과적 PE의 과정

사이클과 목표	
1. Agenda 설정	- 새로운 정책에 대한 필요성 확립 - 새로운 정책에 대한 설명 - 해당공무원, 이해당사자, 공중의 범위 - 공중&이해당사자들의 Idea 개발, Agenda에 대한 의견 표현 - Idea는 공중agenda가 되고 향후 정치영역에서 토론주제가 됨
2. 분석	- 주제와 관련된 도전과 기회를 명확하게 - 참여과정에 신뢰와 개발을 위해 필요한 정책서류 만들기 - 공중, 이해당사자, 결정권자들이 정책대안을 만들기 위해 모임 - 도전과 기회요인을 찾음
3. 정책 만들기	- 효과적인(workable) 종합적 정책서류 확인 - 종합 정책 서류 적당형태로 제작 - 정책적 대안에 대하여 찬성과 반대를 위한 토론 기회 제공 - 상세 정책대안에 대한 자문과 의견 구하기
4. 실행	- 법적 규제, 안내 과정 만들기 - 정책전달 방법, 실행방법 찾기 - 공중&이해당사자에게 준비결과 전달 - 결정된 정책에 참여 실행 - 정책수정, 우선순위 등 도전과 기회 요인에 대한 검토
5. 검사	- 실행된 정책과 서비스 평가 및 재검토 - 공중과 이해당사자는 실행된 정책에 대한 feedback 전달 - 결과는 조사해서 정책사이클에 반영

위와 같은 진행과정에 필요한 구체적인 방법이 바로 참여의 수준과 참여기술이다. 일반적인 방법과 기술은 다음과 같다.

그림 3.11.3. 참여수준과 일반적 참여방법

참여 수준	특징	고려내용	방법
1. 정보전달	정책관련 정보를 공중과 이해당사자에게 제공 : 대개 일방적 제공	정보 성격 : 정직, 정확, 최근 현재 정부의 시각 공중이 쉽고 분명하게 이해할 수 있어야 함	- 블로그, Direct Marketing (e-Mail, post) - 소식지, 소책자 - 광고

			- 전시회, 박람회 - 공고문, 공청회 - Websites
2. 정보수집	목표공중의 태도, 의견, 선호경향 등에 관한 자료 수집 공중과 다른 이해당사자들의 관심주제에 대한 이해와 의사결정에 도움 주기	책임성 객관적이고 투명한 정보 취급 자료보호와 기밀사항 관리 요구됨	- 블로그 - 시민토론회, 공청회 - 심층조사 등의 워크숍 - 양적 조사 - 온라인포럼 - 청원 - Webchats
3. 컨설팅	제안된 증거에 대한 구체적, 상세한 feedback 자료 입수와 그에 따른 대안 정책 정보전달은 쌍방향	Feedback에 대한 공식 의견 공표 필요 정책결정이 영향을 받고, 공중참여가 알려져야 함	- 공식문서를 통한 컨설팅 - 온라인 컨설팅 기록 - 제3자 참여를 통한 참여 유도 - 공청회
4. 참여	잠재적 정책/서비스 개발과 분석 과정에 참여하기 수용자의 걱정과 갈망에 대한 깊은 통찰력 제공 two way 커뮤니케이션으로 참여자의 참여 권위를 높여야 함	참여자 역할에 대하여 분명히 할 것 최종 정책결정 책임도 참여자에 있음을 명확히 할 것	- 시민 배심원 - 포럼 - 자문위원회 - 온라인 포럼 - 워크숍
5. 파트너쉽	대안개발과 선호하는 해결책 선택과 같은 의사결정과정에 참여하기 two way 커뮤니케이션은 필수	공동의 목적을 위해 모두가 분명한 역할과 권위를 지녀야 함	- 시민 배심원 - 포럼 - 자문위원회 - 온라인 포럼 - 워크숍 등
6. 권위 부여 (empower -ment)	의사결정, 재원, 조절 등은 참여자에게 달렸음	책임에는 분명한 선이 있어야 함	- 투표 - 기금 활용 - 참여자 중심 예산

12장

PR과 뉴미디어
(인터넷, 모바일, Social Media)

21세기 PR 영역에서 인터넷(on line)과 모바일 세계를 다루지 않고는 PR 캠페인을 성공적으로 완수하지 못한다. PR은 목표 수용자 즉 목표공중에게 영향을 미쳐 의도하는 효과를 얻고자 하는 활동이다. 커뮤니케이션 대상이 나이가 비교적 어린 청소년이나 청년층이라면 어떤 방법이 가장 영향력을 잘 미칠 수 있을까? 청소년과 청년층을 상대로 하는 PR캠페인은 인터넷 혹은 온라인 커뮤니케이션을 필수 요소로 다루어야 한다.

1. 인터넷 커뮤니케이션에서 필요한 요소

- 목표 수용자에 대한 정확한 이해
- 다수 대 다수(Many-to-Many) 커뮤니케이션
- Narrowcasting
- 합병(Integration)
- 인터넷 예의 : Netiquette
- 밀기 대 끌기(Push to Pull)

1) 목표 수용자 이해

웹사이트 상의 수용자들은 관심있는 메뉴에 클릭을 하게 되어 있다. 클릭 한 번만으로 관심있는 영역의 세계에 빠져들게 된다. PR전문인이 해야 할 과제는 수용자들이 관심있는 내용에 쉽게 접속할 수 있는 환경을 제공하는 것이다.

그렇게 하자면 목표 수용자를 정확히 이해해야 한다.

그들이 원하는 정보의 주제, 주제의 성격, 주제에 해당하는 정보의 양, 정보의 구성방법, 정보 제시방법 등이 해당한다.

2) 다수 대 다수 커뮤니케이션(Many to Many Communication)

인터넷 상에서 영향력을 발휘하려면 정보에 접속하는 수가 많아야 한다. 수용자 규모가 커지려면 어떻게 해야 되는지 보자.

(1) **수준 높은 정보와 정보에 대한 권위** : 기존의 대중매체에서 쏟아지는 정보와 인터넷 상에서 유포되는 엄청난 정보에 대하여 수용자들은 과연 어느 매체의 정보가 신뢰할 만한 것인지 의구심을 갖기도 한다. 왜냐하면 수용자들이 기존 대중매체의 정보나 인터넷을 포함한 뉴미디어의 정보를 접하는 대로 모두 수용한다는 가정을 하기가 어렵기 때문이다. 수용자들이 정보를 선별적으로 접촉하고 수용하기 때문이기도 하다.

(2) **토의 커뮤니티** : 웹상에서 자기 의견을 자유롭게 게시하는 커뮤니티를 제공하는 것이다. 자기 조직을 대표하는 수용자들이 이 커뮤니티에 참가하여 필요한 정보나 의견을 제공할 수 있다.

(3) **불만 접수/게시 사이트** : 수용자들이 경험하는 부정적 내용이나 문제를 표현할 수 있는 장치를 제공해야 한다.

(4) **열린 문제해결 사이트(Open source site)** : 제품에 관한 기계적 서비스를 제공받고 싶은 사람들이 제품회사의 A/S센터로 전화하기보다 그 기계 이용자들을 상대로 하는 사이트에 문제를 게시하면 이용경험자들로부터 반응을 얻을 수 있다.

2. 인터넷 PR의 실제

1) 웹/팟 캐스팅

① 인터넷을 통한 리서치

리서치는 목표집단, 시장의 이슈나 경향, 성공이나 실패의 전력을 가진 프로그램 등에 대해 좀 더 알고 싶을 때 아주 필요한 도구이다. WWW는 마케팅과 PR에 필요한 자료를 얻는 데 아주 빠르고 편리하게 동원되는 자료원이다. 필요한 정보를 찾아내기 위해 검색 엔진으로 가는 방법을 알면 된다.

그저 단순히 찾고자 하는 주제, 회사이름을 입력하면 검색엔진이 알아서 찾아준다.

② 게시판이나 뉴스 그룹

마케팅 담당자가 게시판과 뉴스그룹을 통해 고객, 투자자, 주요 관심 대상자들에 대한 정보를 얻어낼 수 있다. 게시판과 뉴스 창을 활용하면 소비자들이 회사의 제품이나 서비스에 대한 반응을 알 수 있다. 게시판에 올라오는 소비자들의 불만이나 요구사항을 잘 정리하여 적극대처하면 제품 향상은 물론 소비자의 불만을 줄여 마케팅에 도움이 된다. 또한 기업의 명성이나 기업에 대한 외부 평가를 조사하여 정리하는 데에도 활용할 수 있다. 마케팅, PR담당자들은 게시판이나 뉴스그룹에 올라오는 정보들을 수시로 정리하고 필요한 대책을 세워야 한다. 소비자의 요구나 욕구는 언제나 정확하기 때문이다.

2) 인터넷 VDO

① Streaming media

인터넷에서 스트리밍 오디오와 비디오는 네트워크가 다운로드되면서 작동된다는 것을 말한다. 이것은 인터넷 이용자가 짧은 순간 오디오나 비디오를 보게 되는 경우이다. 최신음악, 비디오, 최신영화 예고편 등을 전달할 수 있다. 최근에 시장에 출시된 제품은 인지도를 향상시키는 도구가 될 수 있다.

② 포털

마케팅이나 PR 차원에서 보면 포털의 첫째 목표는 방문자의 시선을 잡아 고객으로 만들 수 있는 가치 있는 정보를 알아내는 것이다. 그 정보는 바로 이용자의 e-Mail주소 등을 말한다. 동시에 이용자가 컨텐츠에 반응하도록 하기 위해 가능하면 오래 잡아두어야 한다. 포털의 최종목표는 광고수익을 올리는 것이므로 이용자들이 접속하여 맨 처음 열어보는 시작 페이지인 것이다. 유료형태인가 무료형태인가를 결정하는 것은 이용자의 요구정 도와 경향을 면밀히 파악한 후 결정할 일이다.

③ 인터넷 광고

효과가 미미하다는 비판이 많이 있긴 하지만 인터넷 광고성장은 놀랄 정도이다.

④ 온라인 세미나(On line Seminar)

인터넷과 WWW가 전 세계적으로 보급되면서 저렴한 비용으로 전

지구인을 상대로하는 정보전달 프로그램이 가능해졌다. 전자우편, 동영상, 전화 등을 사용하여 온라인 세미나를 실시하는 것이다.

회사 홈페이지에서 세미나를 개최할 수도 있다.

3) 검색 엔진

◎ 검색 엔진 활용의 몇 가지 원칙

(1) 고객의 사이트가 검색엔진으로 찾은 목록에서 상위 10개 내에 들게 하는 것은 인터넷사업에서 중요한 성공요인이 된다.

(2) 사이트를 가능한 많은 검색엔진에 등록하라.

일일이 여러 사이트에 등록하는 방법도 있다. 유료로 등록을 도와주는 회사도 있다. 검색엔진 등록을 도와주는 프로그램도 있다.

(3) 좋은 위치를 선점하라.

(4) 많이 검색될 수 있도록 하는 방법

① 고객의 성향을 면밀히 조사할 것.

② 경쟁상대를 조사할 것 : 경쟁사의 성공요인을 알아낼 것. 그 사이트의 키워드와 컨텐츠에 주목할 것.

③ 프레임을 사용하지 말 것.

④ 불필요한 잔재주를 부리지 말 것 : 같은 단어를 반복하거나, 내용을 조금씩 바꾸어 보는 전술은 대형 검색엔진들이 기피하는 것들이다.

⑤ 관련성을 유지할 것 : 지금의 컨텐츠가 검색엔진에 등록될 수 있는 충분한 관련성이 있어야 한다.

4) 웹 퍼블리시티

가상 기자실(virtual press room)은 첨단 기술분야의 기자회견에서는 기본 사항이 되고 있다. 회사의 최신보도자료, 다양한 회사 소개자료, 제품소개 등을 실어 올릴 수 있다. 웹진이 대표적인 것이라 할 수 있다. E-Mail 뉴스레터 등도 포함될 수 있다.

5) E-Mail

E 메일은 한 번에 많은 양이나 대규모 수신자를 상대로 보내서는 안 된다. 어느 매체나 수신자는 자기가 특정 자료를 혼자 받아본다는 기대를 가지고 있기 때문이다. 물론 뉴스가치가 있는 자료를 모든 언론에 공평하게

전해야 하지만 개별형태로 보내도록 하는 게 좋다.

물론 보내는 양식에서 서툴게 작성한 문건은 없는지, 맞춤법, 연락처 등에 관한 실수를 하지 않아야 한다. 전자 우편을 이용한 보도자료나 내용에는 처음 두 문장까지 핵심을 전해줘야 한다.

6) 온라인/모바일 커뮤니티

7) 온라인 채팅

8) 온라인 토론그룹

9) 웹진(web magazine)

10) SNS communication

 : 카카오 스토리, 페이스북, 싸이월드, 트위터, 밴드 기타

Social Network Service 커뮤니케이션은 현재 한국의 정보통신 인프라 현황을 두고 마케팅 커뮤니케이션의 필수 도구이다. 특히 커뮤니케이션 대상이 젊은 층인 대략 10대부터 40대라면 반드시 활용해야 할 도구이다. 이 같은 현상은 SNS가 즉시성, 정확한 대상을 향한 메시지 전달력, 소통력 등의 요인으로 인해 젊은 소비자 층에는 다른 매체에 비해 압도적으로 유용한 수단이 되었다.

(1) SNS 활용 시 점검 요인

① 달성하고자 하는 목표가 구체적으로 무엇인가?
- 단순 알림(인지도), 참여율 : 클릭, 좋아요, 공유, 댓글달기
- 도달률 : follower수, 노출수, web traffic
- 전환율 : 판매 수익, 리드 전환율
- 고객충성도 : 리드 당 비용, 고객문제 해결 등

② 고객은 정확히 누구인가?
- 인구학적 요소 : 나이, 성별, 교육정도, 직업, 거주지
- 심리학적 요소 : 생활스타일
- 브랜드 관련(상표 지표) : 관련 브랜드에 대한 태도나 행동

③ 경쟁사는 누구인가?
경쟁브랜드가 우리 브랜드에 우월한 점은? 동시에 우리 브랜드가 약한 점은 우리의 기회요인은 무엇이고 위협요인은 무엇인가?

④ 우리 메시지의 핵심은 무엇으로 할 것인가?

13장
노사 관계(Employee Relations)

◈ 노사 커뮤니케이션 원칙은 무엇인가?
◈ 노사관계 커뮤니케이션 전략은 어떤 것이있나?
◈ 노사관계 매체는 무엇이 있나?

　조직이 내부 구성원들과 효과적인 커뮤니케이션에 노력을 기울이게 되면 여러 가지 중요한 이점들이 생겨난다. 조직에 관한 정보를 충분히 전해 받은 구성원들의 만족감은 아주 높아진다. 그런 직원들은 일터에서 생산성이 높고 자기 일에도 훨씬 더 충실히 임하게 된다. 조직 내 커뮤니케이션 통로가 개방적인 경우 조직이 추구하는 목적이 보다 효율적으로 달성될 수 있다. 조직 내 정보에 충분히 익숙한 직원들은 소비자 관련업무, 지역사회 관계, 투자자 관계 혹은 그 외 일반 공중들과 관련된 일에 보다 적극적인 자세로 임하게 되어 조직의 대내외적 위상이 그만큼 향상된다. 효과적인 노사관계를 구축하기 위한 커뮤니케이션이 그리 간단한 일은 아니다. 조직내 커뮤니케이션 즉 노사관계 커뮤니케이션을 효과적으로 실행하려면 우선 조직 기후(organizational climate) 혹은 조직 문화(organizational culture)의 개념을 보다 구체적으로 이해해야 한다.

1. 조직 기후 이해하기

　조직 내 행동에 관한 오랜 기간의 연구결과에 의하면, 직장에서 가장 강력하게 작용하는 힘은 심리학적 근거에 있다고 한다. 직장 내 집단적 심리의 힘이 조직기후나 조직문화를 형성하기 때문이다. 조직 기후란 무엇인가?

조직 기후라는 것은 조직의 내부환경에 대하여 비교적 지속성을 지닌 질적 차원의 것으로 구성원들이 경험하고 구성원의 행동에 영향을 미치고 조직의 특성이나 가치관 차원에서 설명될 수 있는 속성이라고 말한다. 조직이 내부 구성원과 외부 환경을 다루는 방식으로 구성된 구체적 속성들의 집합이 조직 기후라고 할 수 있다.

조직의 정책, 구조, 리더십, 조직의 기준과 가치 그리고 규칙과 같은 문제에 대한 조직의 현실을 구성원들이 어떻게 인식하느냐에 따라 조직기후 형성이 달라진다. 이를 테면 '로마에선 로마식으로'라는 것이 바로 조직기후를 가리키는 말이다. 다양한 연구 결과를 보면, 조직기후와 동기부여, 조직기후와 창의성과 업무성과 등이 긴밀한 상관관계가 있는 것으로 조사되었다. 바람직한 조직기후에 대한 몇 가지 특징이 있다. 신뢰감, 확신감, 개방성, 솔직함, 상호지지, 안전성, 만족감, 참여도, 조직에 대한 자부심, 그리고 높은 기대감 등이 대표적인 것이다. 조직 내 노사관계가 건전하고 또 노사 관계 커뮤니케이션이 효과를 얻어내기 위한 선행조건은 위에 언급한 특징에 근거한 긍정적 조직기후를 창조해내는 것이다. 이런 긍정적 조직기후를 창조해내는 일은 짧은 기간이나 적은 예산이나 노력으로 이루어지지 않는다.

조직 기후 형성에 가장 많은 책임을 져야 할 사람은 조직 내 간부들이다. PR실무자들은 조직 내 의사결정 과정에 전문성을 반영하여 조직 내 긍정적 조직기후를 형성하는 데 기여해야 한다.

조직의 철학, 정책이나 활동에 대하여 충분한 이해를 하려면 PR실무자들이 쌍방향 커뮤니케이션에 대한 필요성을 지속적으로 강조해야 한다. 구성원들에게 충분한 정보를 제공해야 하고 조직에 대한 중요문제에 대하여 구성원들이 의사표시를 할 수 있는 창구를 제공해야 한다.

2. 건전한 조직기후 형성을 위한 커뮤니케이션 정책 만들기

조직 기후를 건전하게 만들기 위해서 필요한 것은 커뮤니케이션에 관한 정책을 세우는 것이다. 회사 내 커뮤니케이션 과정에서 일어나는 최대의 문제는 대개 조직의 수직적 계급구조에 기인한다. 이것은 조직 내 원활한 커뮤니케이션을 위한 정책이나 철학이 없기 때문에 일어나는 일들이다. 따라서 PR실무자들은 조직 내 재무, 인사, 마케팅, 생산 등의 부서 간부급들을 설득하여 조직 내 긍정적 커뮤니케이션을 실행하도록 하는 커뮤니케이션 정책을 세워야 한다. 구체화되지 않은 커뮤니케이션 정책이나 커뮤니케이션 정책이 없는 상황에서는 온갖 소문, 잘못된 정보들이 급속도로 조직 내 퍼지게 되고 그로 인해 조직이 위험한 지경에 이를 수도 있다. 커뮤니케이션 정책 설정은 행사 중심이 아니라 목적 중심적 접근으로 시행해야 한다. 구체적인 이슈나 정책을 언급하기보다 커뮤니케이션 정책은 구성원들이 조직의 목표와 문제를 찾아내고 이해하도록 해야 한다.

커뮤니케이션 정책이 성공을 거두려면 다음과 같은 경영방침이 필요하다.
- 구성원들에게 조직의 목적, 목표와 비전을 알게 한다.
- 구성원들에게 조직의 활동, 문제와 업적을 알게 한다.
- 구성원들을 자극하여 자기들 경험, 아이디어, 느낌, 이유 등을 표현할 수 있도록 한다.
- 부정적이고 민감하거나 혹은 논쟁적 주제에 대하여는 구성원들과 눈높이를 맞추어라.
- 간부급 직원과 그 부하직원들 사이에 솔직하게 직장과 관련된 일을 상의하는 쌍방향 대화를 자주 실행하여라.
- 중요한 행사나 결정은 가능한 한 신속하게 구성원들에게 알린다.
- 혁신적이고 창의적인 생각을 하도록 하는 문화를 만든다.

3. 커뮤니케이션 프로그램

조직 구성원을 종전에는 그저 많은 공중 가운데 하나로 취급하고 소홀히 다루어온 점이 많다. 이제는 목표 공중 가운데서도 가장 중요한 커뮤니케이션 대상임을 알아야 한다.

간부들이 노사관계 커뮤니케이션 프로그램에서 가장 중요한 위치에 있다. 이들이 직원들과 소그룹 혹은 일대일 형태의 커뮤니케이션을 자주 가져야 한다.

PR실무자들은 이들 간부들이 부하직원들과 커뮤니케이션을 하도록 다양한 형태의 수단을 제공해야 한다.

크고 작은 대화 모임, 편지, 정기 발행물, 광고나 게시판, 전시회, 연간 보고서, 소책자, 전화, 문자보내기, E 메일, 트위터, 건의함 운영 등.

PR실무자들이 해야되는 구체적인 과제를 보면 다음과 같다.

- 조직의 목적을 알게 하고 이해하도록 하는 활동
- 경영과 인사정책을 이해시켜 주는 활동
- 구성원의 정보욕구와 알 권리를 충족시켜주는 활동
- 쌍방향 커뮤니케이션에 필요한 수단을 제공하고 장려하는 활동
- 구성원들의 호의적 태도를 유도하고 생산성을 높이는 활동
- 모든 구성원들을 회사가 외부로 보내는 영업사원 형태로 만들 것

왜 커뮤니케이션 프로그램이 실패하는가?

노사관계 커뮤니케이션이 제대로 작동하지 않게 되면 그 대가는 상상을 초월하는 수준에 이를 수 있다. 비효율성, 자원낭비, 고비용, 종업원 사기저하, 잦은 결근, 스트라이크, 사건사고 등으로 인해 판매, 이윤, 생산성, 대외 이미지 나아가 구성원 자신들에게까지 악영향을 미칠 수 있다. 이처럼 조직 내 커뮤니케이션 실패 원인을 정리하면 다음과 같다 : 불분명한 회사 이미지, 부정적인 조직 기후나 문화, 노사 커뮤니케이션 정책 부재, 상호신뢰 부재, 노사간 상호인정 부재.

4. 노사 커뮤니케이션 원칙

경영진이 내부 구성원과의 커뮤니케이션이 성공하려면 다음과 같은 다섯 가지 원칙을 지켜야 한다.

직원존중	직원들은 개별 인간으로 그리고 노동자로서 가치있는 존재로 존중받아야 한다. 경영진들이 마음대로 해고할 수 있거나 대체할 수 있는 기계처럼 다루어선 안 된다.
정직한 피드백	직원들에게 각자의 장점과 약점을 이야기하면 직원들은 자기 스스로 자기가 어떤 위치에 있는지 잘 알게 된다. 경영진들이 부정적인 피드백은 의도적으로 피하는 게 낫다고 생각하기도 한다. 잘못된 것이다. 직원들과의 대화에 대한 정직한 피드백이 최선의 방책이다.
인정	직원들은 경영진이 직원들의 기여도를 인정해 줄 때 행복해한다. PR실무자들에게는 직원들이 인정받는 제도를 제안하고 실행하도록 하는 의무가 있다.

경청	각종 대중 매체에서 토크쇼 프로그램이나 토론 프로그램이 넘쳐나는 시대에 구성원들은 각자 자기 목소리가 전해져서 의사결정 과정에 참고해 주기를 바란다. PR 실무자들은 이와 같은 적극적 커뮤니케이션 현상을 잘 받아들여서 효과적인 내부 커뮤니케이션을 통해 성공적인 경영에 도움이 되는 조치를 취해야 한다.
사기 진작	많은 연구들에 의하면 월급과 각종 복지혜택만으로는 조직 구성원을 어느 수준까지 유도할 수 있지만 그 이상은 또 다른 무엇이 필요하다고 한다. 그게 바로 '사기 진작'이다. 사기를 높이는 커뮤니케이션 프로그램이야말로 생산성을 높이게 된다.

5. 노사관계 커뮤니케이션 전략

신뢰도를 높이고 솔직한 대화를 통한 커뮤니케이션이 노사 커뮤니케이션 목표를 위해 필수적 요소임은 이미 지적한 바 있다. 노사관계 커뮤니케이션이 제대로 작동하려면 다음과 같은 전략을 고려해 볼 필요가 있다.

(1) 직원의 태도 조사를 주기적으로 할 것

많은 회사들이 회사의 재무상태는 거의 매일 점검하면서 직원들의 태도에 대해서는 거의 무관심하다. 직원들의 태도조사를 통해 특정 문제가 위기상태로 악화되기 전에 확인될 수 있다. 조사를 통해 직원들의 태도, 견해 등이 수집되면 경영진은 이 결과를 정책결정에 반영하는 조치를 취해야 한다.

(2) 일관성을 유지할 것

경영진이 개방적이고 솔직한 커뮤니케이션을 추구한다면 반드시 그렇게 실천해야 한다. 상황에 따라 태도를 바꾸어서는 안 된다. 개방성이란 모든 상황에서 개방을 말한다. 솔직함은 어느 때에도 솔직을 의미한다. 긍정적 뉴스이든 부정적 뉴스이든 선별적으로 다루어선 안 된다.

(3) 커뮤니케이션의 개인화

회사 간부들의 약 80%가 회사직원들과의 개인적 커뮤니케이션이 진정한 차원의 의견교환을 이룰 수 있다고 말한 연구 결과가 있다. 문제는 그들 간부들 중 단지 20여%만이 실제로 행동에 옮겼다는 것이다. 직원들은 직장 상사나 경영진으로부터 개별적 관심이나 주목을 받고 싶어한다. 모든 커뮤니케이션 가운데 일대일 혹은 면대면 (face-to-face) 커뮤니케이션이 가장 설득력이 높다는 점을 알아야 한다.

(4) 솔직해라

21세기 직원들은 대개 젊고 교육수준이 높으나 조직에 대한 충성도는 낮고 여성의 비율이 높다. 특히 다른 나라에서 온 노동자들도 상당수 있다. 이처럼 예전과 다른 성향의 노동자들로 구성된 직원들에게 솔직하지 않으면 다양한 문제에 대한 대응이 어렵게 된다.

(5) 혁신적 사고

직원들의 구성이 다양하고 조직에 대한 낮은 충성도와 같은 요소들로 인해 커뮤니케이션 방법이 혁신적이어야 한다. 직원들에게 골고루 전달될 수 있는 다양한 채널을 동원해야 한다. 전통적인 인쇄매체에서부터 전화문자 메시지나 트위터에 이르기까지 혁신적 사고로 접근해야 한다.

6. 노사관계 매체

회사의 경영진과 직원 간 상호이해를 위한 매체는 다양한 형태로 활용이 가능하다.

◎ 사내 정보제작(Internal publication)

내부 직원에게 보내는 인쇄물을 통해 직원들이 경영과 경영진에 대한 이해와 신뢰도를 높이도록 한다. 문제는 경영진이 말하고 싶은 내용을 중심으로 전달하면 실패한다. 대신에 직원들이 바라고 요구하는 것들을 중심으로 하고 경영진의 내용과 조화를 이루는 메시지를 제작해야 한다. 하향식 내용 전달이 아니라 상향식 정보구성이 필요하다는 말이다.

(1) 컨텐츠 구성은 대략 다음과 같은 것으로 이루어질 수 있다.
- 조직에 관한 정보 : 50%
- 직원들에 관한 정보 : 20%
- 경쟁사나 회사 이외의 것에 대한 정보 : 20%
- 개별차원 혹은 기타 생활관련 정보 : 10%

(2) 일반적으로 가장 관심이 많은 주제들은 다음과 같다.
- 새로운 장비나 기존 장비의 변화
- 공장 리모델링 혹은 공장 확장

- 품질 검사 과정과 요구사항
- 안전 관련내용
- 목표 할당 내용
- 임금 인상폭과 변동
- 신규 사업 진출 분야
- 중요한 회의
- 노조 간부 선출와 동정
- 중요한 방문객
- 사장의 경영관련 메시지

(3) 직원들은 사실 이야깃거리의 중요한 소재이다. 왜냐하면 실제로 정보를 접촉하는 수용자는 대부분 직원들이기 때문이다.
- 승진내용
- 신규 직원채용
- 은퇴 소식
- 출생, 결혼 및 사망 소식
- 지역 사회와 연관된 문제
- 회사 내 각종 동아리 동우회 소식
- 교육 및 중요 업적 소식
- 수상 소식

(4) 매체형태
- 인쇄물 제작 : 사내보(News letter), 소책자, 매뉴얼, 카탈로그
- 영상물 제작 : 동영상으로 홈페이지 활용
- E-Mail, 전화, 문자 메시지, 게시판 활용
- 특별 회의

4부
IMC 기획서 보기

글라소
후르츠워터

글라소
후르츠워터

목차

1. 상황분석
2. 브랜드분석
3. 공중분석
4. 목적 및 목표분석
5. ACTION PLAN

↓

2014년
하반기 탄산수 시장 강세

2. 브랜드분석 – SWOT

Strength (강점)

① 투명한 타 탄산수 제품들과 다르게 과즙을 넣어
차별화된 컬러와 디자인

② 탄산수 제품 중 가장 저칼로리 음료

③ 경쟁사에 비해 저렴한 가격

---

2. 브랜드분석 – SWOT

Weakness (약점)

① 탄산수 시장에서 경쟁제품보다 한 발 늦은 제품 출시

② 후발주자 임에도 다소 밋밋한 제품 디자인

---

2. 브랜드분석 – SWOT

Opportunity (기회)

① 탄산수 제품 중 가장 저칼로리 제품으로
소비자들에게 '다이어트' 음료로 인지

② 탄산수 시장의 여전한 강세
→ 거대 기업들이 잇따라 탄산수 출시, 시장 재편 가능성↑

③ 탄산수 시장에서 점유율 2위

글라소
후르츠워터

2. 브랜드분석 – SWOT

Threat (위협)

외부적 : 경쟁제품의 선점으로 후발주자로써 낮은 인지도

내부적 : 이전과 같은 마케팅 전략 실패와
고급진 경쟁 제품 디자인에 비해 밋밋한 디자인

글라소
후르츠워터

2. 브랜드분석 – PEST

Political (정치적)

① 올해 정부의 '당 줄이기 캠페인' 실시
→ 4월부터 당뇨 예방·관리
'단맛을 줄이세요, 인생이 달콤해집니다'
대국민 실천 메시지로 캠페인 진행.

② 식품의약품안전처의 당류 섭취량
하루 총 에너지 섭취량(열량)의 10% 이내
'제 1차 당류 저감 종합계획'을 발표.

글라소
후르츠워터

2. 브랜드분석 – PEST

Economy (경제적)

① 탄산수 시장의 경제규모 상승세
→ 탄산수 시장 173.7%의 폭발적인 성장

② 탄산수 시장에서 후발주자임에도
'글라소 후르츠워터' 점유율 2위

글라소
후르츠워터

2. 브랜드분석 – PEST

Social (사회적)

① 2030여성들의 건강에 대한 관심도가 상승
소화불량 해소와 혈액순환 개선 등의 효능
저칼로리라는 **점에서** 탄산수에 주목

② 건강과 외모, 모두를 중시하는 **소비자 ↑**
갈증해소 &
카페인, 칼로리가 낮은 음료를 선호

글라소
후르츠워터

2. 브랜드분석 – PEST

Technology (기술적)

① 2030 여성 소비자
과일(혹은 과즙)이 함유된 제품들을 선호
탄산수에 과즙을 15%나 함유

가장 활발히 소비
'2030 여성을 메인 타겟'

+ 서브 타겟을 3040 남성들

4. 목적 ① – 인지도 제고

- **인지목표** : '글라소 후르츠 워터'를 알리고,
   경쟁제품과 차별점을 제시
- **수행목표** : '글라소 후르츠워터'를 알고,
   차별점에 대해 관심 **유발**
- **행동목표** : '글라소 후르츠워터' 홍보나
   제품 후기에 대한 서핑유도

4. 목적 ② – 관계구축

- **인지목표** : '글라소 후르츠워터'가
   탄산수 제품 중 가장 저칼로리 &
   과즙함유로 맛이 있음을 어필
- **수용목표** : '글라소 후르츠워터'에
   흥미와 관심, 호감도와 신뢰도
- **행동목표** : 탄산수를 소비할 경우,
   '글라소 후르츠워터'를 구매

5. ACTION PLAN ① '당 함량 표시 자판기'

글라소
후르츠워터

5. ACTION PLAN ② '1+1 이벤트'

글라소
후르츠워터

5. ACTION PLAN ③ '기념일 이벤트'

THANK YOU

'천원이 가치 있는 곳'

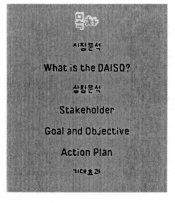

시장분석

What is the DAISO?

상황분석

Stakeholder

Goal and Objective

Action Plan

기대효과

1 시장분석
생활용품 시장

생활용품 시장규모

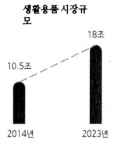

10.5조

18조

2014년   2023년

1 시장분석
생활제품 시장

외국 생활용품 브랜드 강자들의 한국 진출

2 What is the DAISO?
다이소는 어떤 곳인가

최근 연 매출	전국 1000개 이상의	전국 하루 평균
1조 2490억 원	가맹점 분포	소비자 수 50만 명 이상

3 상황분석
SWOT분석을 통해 보자

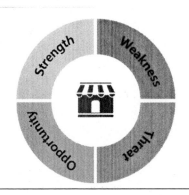

S
저렴한 가격
다양한 제품 구비 '다품종 다량화'
균일가 고집
다양한 상품 개발에 집중
국내 최대 물류센터 운영
높은 접근성
비 계절성
소비자 중심의 쇼핑환경 조성

W
교환 및 환불 서비스 부족
위기 대처 능력 부족
유투버 회사원과의 마찰
다케시마 후원 루머

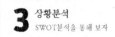

3 상황분석
SWOT분석을 통해 보자

O 저가제품 선호 현상
생활용품 시장의 꾸준한 성장

T 우익 논란으로 불매 운동
대기업의 생활용품 시장 진출
저가 품질 선입견

---

4 Stakeholder
다이소의 이해관계자들

---

4 Stakeholder
다이소와의 문제점

다케시마 후원 루머

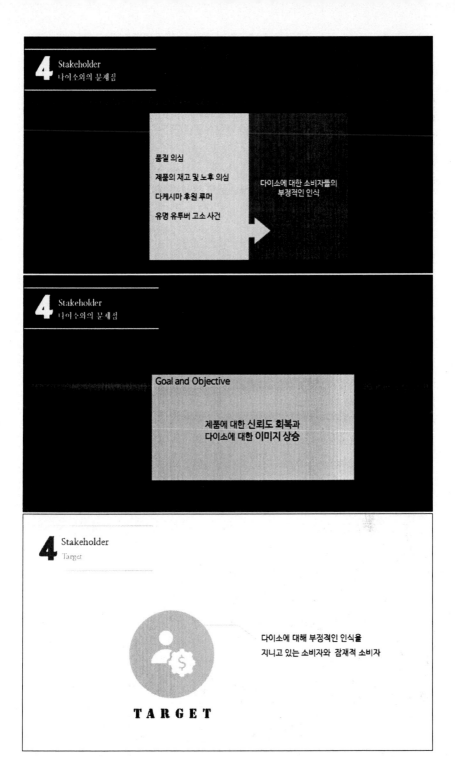

EXHIBITION

고객과의 관계 강화

고객의 니즈 파악

오감 마케팅 기능

마케팅 효과의 지속성

고객의 최종 구매 결정

개관 후 지금까지
누적 방문객 700여 만 명을 기록

PLACE

알림터

동대문 디자인 플라자(DDP)

복합 문화 공간

전시장 내지는 갤러리로 이용 가능

SEASON	DATE	TIME
여름	금요일 토요일 일요일	낮 12시 ~ 오후 7시

CONCEPT

네 곁에 다이소

전시장의 입구와 출구를 각각 배치
참가자들이 다이소의 모든 전시실을
체험하도록 유도함

독도 후원 프로젝트

전시장의 모든 다이소 제품에
독도 QR코드 삽입

QR코드를 찍으면
해당 제품 구매 가능

수익금은
독도 후원 및 홍보에 기부

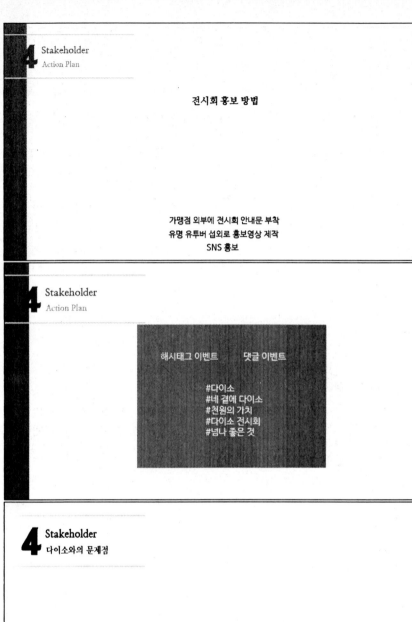

Slide 1

4 Stakeholder
Action Plan

전시회 홍보 방법

가맹점 외부에 전시회 안내문 부착
유명 유투버 섭외로 홍보영상 제작
SNS 홍보

Slide 2

4 Stakeholder
Action Plan

해시태그 이벤트   댓글 이벤트

#다이소
#네 곁에 다이소
#천원의 가치
#다이소 전시회
#넘나 좋은 것

Slide 3

4 Stakeholder
다이소와의 문제점

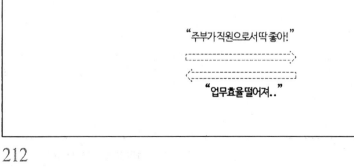

"주부가 직원으로서 딱 좋아!"

"업무효율 떨어져.."

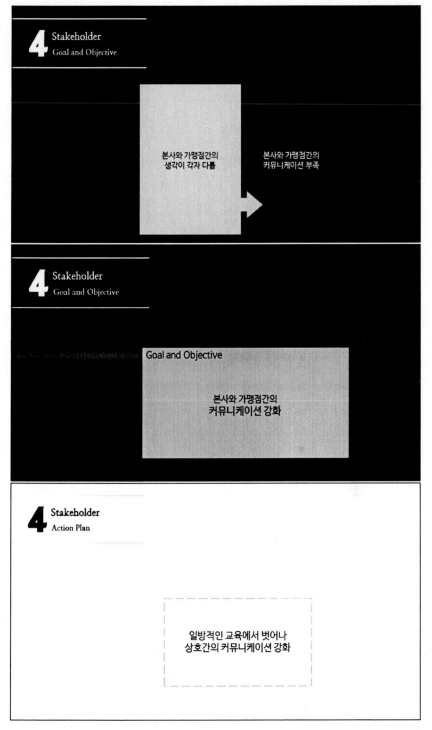

4 Stakeholder
Action Plan

혁신활동 프로그램   다이소 간담회

 +

5 기대효과
향후 다이소는…?

다이소에 대한 부정적인 인식 개선으로   집단 내의 관계 회복으로
소비자를 매장으로 불러 옴   업무 효율성 증진

'천원이 가치 있는 곳'

Integrated Marketing
Communication Plan

—

동서식품
통합마케팅

Index

 동서식품 소개

 상황분석

 마케팅 전략/전술

 평가방법

---

1. What is 동서?

동서식품 / SWOT 분석 / 업계분석

&

인스턴트 커피와 시리얼 생산

식품 전문 기업

기업소개
커피믹스 시장 점유율 압도적 1위

◉ **국내 커피믹스 시장점유율** (단위 : %)

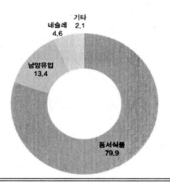

네슬레 4.6
기타 2.1
남양유업 13.4
동서식품 79.9

목표
조직의 목표와 비전 | 항상 새로운 맛, 새로운 만족

"소비자들이 사무실과 가정, 야외 등 언제 어디서든
고품질의 커피를 합리적 가격으로 즐길 수 있는 인스턴트커피"

– 백정현 동서식품 마케팅 매니저 –

2013 아시아 마케팅 효율성 페스티벌 인터뷰 중

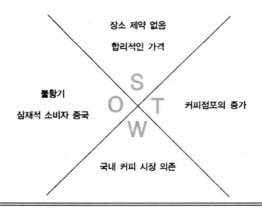

장소 제약 없음

합리적인 가격

S

O

T

W

불황기

잠재적 소비자 중국

커피점포의 증가

국내 커피 시장 의존

---

2. 동서식품 상황분석

커피믹스 산업 위축 / 커피 전문점 증가 / 투자자 관계

상황
분석 **문제점**

커피믹스 사업 위축

커피믹스 매출 감소

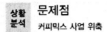

문제점
커피믹스 사업 위축

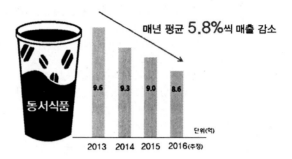

매년 평균 **5.8%**씩 매출 감소

9.6 9.3 9.0 8.6

동서식품

단위(억)

2013 2014 2015 2016(추정)

문제점
커피믹스 사업 위축

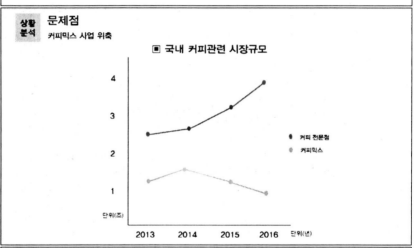

◼ 국내 커피관련 시장규모

● 커피 전문점
● 커피믹스

단위(조)

2013 2014 2015 2016 단위(년)

문제점
원두 커피믹스 시장 비교

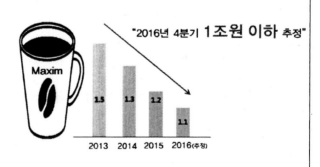

"2016년 4분기 **1조원 이하** 추정"

Maxim

1.5 1.3 1.2 1.1

2013 2014 2015 2016(추정)

문제점
원두 커피믹스 시장 비교

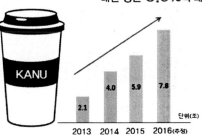

매년 평균 **8.9%**씩 매출 증가

KANU

2.1 4.0 5.9 7.8

단위(조)

2013 2014 2015 2016(추정)

상황
분석

카발리제이션 효과 걱정

"동서식품이 인스턴트 원두커피 제품 판매에 힘을 쏟다가는
주력 제품인 커피 믹스시장의 위축속도가 빨라질 수 있다"

"인스턴트 원두커피시장이 아직 커피믹스시장에 비해 규모가
훨씬 작기 때문에 시장대체를 목적으로 주력하기는 힘든 상황"

– 이광복 동서식품 대표이사 –

Business Post 인터뷰 중

상황
분석

투자자 관계 소홀

커피믹스 **매출 증대 및 유지**

맥심 케이터링(Maxim Catering)

Catering : 소비자를 위한 출장 서비스

| 소비자 | 경쟁업체(커피 점포) | 투자자 |

3. 마케팅 전략/전술

찾아가는 맥심카 / 맥심 북카페 / 사회적 활동 / IR

[어디든 찾아가는 커피 'Maxim Car']

오피스 및 대학교에서 'Maxim Car' 행사 실시

커피샘플링 및 경품추천 (SNS를 통한 홍보 포함)

다양한 맥심커피믹스 시음

 책한권 속 이야기와 함께

M A X I M

B O O K C A F E

새로운 'Maxim Bookcafe' 행사 실시

책과 함께 하는 커피 한 잔

책 증정시 새로운 맥심커피 증정

SNS를 통해 자체적인 홍보효과

[사람은 향기를 남기고, Maxim 나눔 프로젝트]

Maxim 나눔 프로젝트란

커피믹스 구매 시 5% 독거노인 지원금

브랜드 이미지 상승을 통한 사회적 책임 기업

매 분기 평가시, IR관계를 유지하는
투자 설명회 개최

DM을 통한 실적 및 개발 상품 설명,
예상 질문을 받아 적절한 해결책 제시

4. 평가방법

분기별 평가 | SNS 회수 | 주주 피드백

평가 방법 평가방법

분기별 매출 평가

평가 방법 맥심카 | 북카페

SNS 업로드 및 경품참여도, 방문객 수 파악

평가 방법 IR

투자자들의 기업 평가 설문지 회수

고객이 찾지 않으면 **우리가 다가가서 제공하자**

THANK YOU

북성로
공구골목
BUK SUNG RO
IMC

북성로 공구골목
목차
I N D E X

01_ 북성로

02_ 상황분석

03_ 문제점 제시

04_ 액션 플랜

---

0 1 _
북성로
장소의 탄생

" 북성로 공구 "
골목

: 북성로

: 공구골목

대구 읍성의 북쪽 성
벽 길   영조12년
(1936년)
일제 강점기때 성벽
철거

해방 이후 북성로 1,2가 중심으로
대구중공업, 조선 형강소, 만봉상회
경일 철물, 대구철물 등 자리잡음
공구골목으로 상권형성

01
북성로
역사

1905~1940
일제감정기

1945~1970
대중기

1988~
변열기

- 도모마찌로 불리며
최대의 역세권 쇼핑가

- 삼성그룹의 모태인
'삼성상회'시작

- 기계,금속,철물,농기계,
목재,건축,페인트상 들이 형성

- 해방 이후 대구중공업,조선철공
소,
만물상회, 경일철물 등
광범위하게 형성되면서
상점 중심의 공구, 기계유통 시작

- 미군 보급창, 미군부대 주둔
보급창이 들어서면서 입지환경 유
리.
- 70년대 자동차 산업의 시작
80년대 섬유공단의 전성기
90년대에서 최근까지 자동차부속
제작을 기반한 메카트로닉스 산업
의 성장

02
북성로
변화와 모습

" 변화의 시작 "

만남   숨   개선

근대와 현대가 만나다   숨을 불어 넣다   리노베이션하다

역사를 간직한 문화거리로의 변화가 기대된다

변화 : 1
만남

02
예
스 럽 다

" 근대와 현대가 만나다 "

축제,게스트하우스,전시회,공방 등으로
지역 젊은이 들이 유입되어 활기찬 마을로 변화 중이다

새로운 작업공간이 필요한
지역 젊은 예술가들이 유입되면서
새로운 공간과 문화를 형성 하고 있다

예술이 있는 곳에는 항상 사람이 모인다

변화 : 2
숨

" **공구 역사에 숨을 불어 넣다** "

일제 감정기 때 건축물을 이용하여 일천여 점의 공구 전시,
공구상 사무실, 기술자의 방 재현

지역장인들의 도움으로 만들어낸 박물관
시대 재현 뛰어넘어 소통 거점으로 기대

과거의 손길이 모여 하나의 문화를 만든다

변화 : 3
개선

" **근대건축 리노베이션** "

1960년 이전에 만들어진 목조 건물과 한옥을 리노베이션
공구골목에 외관, 간판 등 경관을 개선

카페 삼덕상회
판 게스트 하우스
아트샵 뜨라

근대 건축물 역사가 담긴 새 옷을 입다

---

0 3
SWOT
분석

S	W	O	T
[강점]	[약점]	[기회]	[위협]
기술생태계 형성	컨셉, 스토리가 없다	접근성이 높다	거대자본의 유입
오랜 역사를 간직	참여 프로그램이 없다	예술가들의 유입	실질적 업계 수익
옛 것의 보존율이 높다	볼거리가 부족하다.	젊은이들의 유입	

어떤 방면이나 영역에 관련을 맺고 있음

공중분석

이해관계가 생기면 관심을 가진다 **;**
관계 속에 답은 있다 **,**

상인 **;**	중구청	창업자 [북성로 허브]	관광객
북성로 재개발 긍정적 적극 지원 약속	2017년까지 근대 문화거리 조성 계획	북성로를 창업 인큐베이터로 만들자	반가워하고 향수를 느낌

어떤 방면이나 영역에 관련을 맺고 있음

공중분석

이해관계가 생기면 관심을 가진다 **;**
관계 속에 답은 있다 **,**

상인 **;**

사람이 모이니까 일단은 좋다.
하지만 현재 진행중인 사업이 공구골목과 직접 관련성이 떨어져 아쉽다.
공구골목 자체를 보존하지 않으면 역사와 전통을 잃을 까 우려
빠르게 전개 되는 변화에 기존 상인이 도태되는 기분

북성로 재개발 긍정적
적극 지원 약속

어떤 방면이나 영역에 관련을 맺고 있음

공중분석

이해관계가 생기면 관심을 가진다 **;**
관계 속에 답은 있다 **,**

중구청 **;**

최종 목표는 지역경제 활성화
상인들의 우려에 공감하고 있다. BUT 해결책은 제시하고 있지는 않음
시설물 정비와 차량 진입로 디자인 등
주민 목소리 최대한 반영하여 사업진행 중

2017년까지
근대 문화거리 조성
계획

" 문제점 제시 "

| 젠트리피케이션 | 특색,체험 | 괴리감 |

기존 주민이 위협받다 · 즐길 거리가 필요하다 · 공구와 예술의 괴리감

문화거리 조성에 있어 제기되는 문제점이 존재한다.

" 젠트리피케이션 "

낙후된 지역을 고급화한다 라는
뜻을 가지고 있지만

임대료가 저렴한 지역에 재개발 재활성화 사업
에 의해 사람들이 몰리고 지역이 발전하면서
기존 주민들이 쫓겨나는 현상

마을은 뜨는데... 주민들은 떠난다

성공사례
사례 속에는 많은 것이 담겨 있다 ;
그 속에서 답을 찾다

" 서울 성동구 "

지역공동체의 상호협력과 상생을 통해
지속가능도시를 추진하다

젠트리피케이션 방지를 위한 주민 홍보 리플릿 제작.배부
포럼을 통한 지속적인 논의
젠트리피케이션 방지 조례 제정

행동을 통한 지속가능도시를 추진
하다

실패사례

사례 속에는 많은 것이 담겨 있다 ;
그 속에서 답을 찾다

" 전주한옥마을 "

국내를 넘어 세계의 명소로 자리잡음
관광객 1000만을 눈앞에 두고 있다

수요에 맞춰 상업시설 증가 임대료 급 상승
초기 한옥마을의 조성에 기여한 원주민들 밀려남
한옥마을 인접 거리에도 젠트리피케이션 현상 시작

지역 공동체의 공유가치를 실현 할 수 있는 도시발전
이 필요하다

06_ 액션플랜

제 안 하 다

"

DIY 박람회

젠트리피케이션 방지 조례

공동체 구성원들 소통의 장

공구난타

"

" DIY 박람회 "

: 기획의도

프로슈머들의 등장으로 DIY성향이 강해짐
이러한 성향이 인테리어에도 영향을 준다

: 방안

모든 물건의 시작점인 공구와 DIY를
연계하여 골목길 전체를 박람회장으로
만들어 프로그램을 진행한다

새로운 여가 생활로
인식되며
셀프인테리어 상품의
매출이 증가 추세이
다

실제료
셀프 인테리어에 대
한
긍정적인 생각을
가지고 있다

주 소비층은 여성 +20대

"
20대 80%
셀프 인테리어는 일종의 여가

성인 87%
인테리어는 개성 표현의 수단

여성 91% , 20대 92%
많은 관심을 가진
"

=

홍보방법
: 20대 여성이 많이 모이는 카
페에
포스터 제작 혹은 쟁반에 깔
리는 종이에
광고를 한다

" **젠트리피케이션 방지 조례** "

: 젠트리피케이션의 심각성 인식을 위해 북성로 내에서 간담회를 진행한다

: 북성로의 구성원인 공구상인+상인자들의 서명을 받고 구 의원회에
제출해 조례를 제정한다

: 이후 만들어진 조례를 중구청에 배포하여 공구골목에 창업하려는 사람들이
참고 할 수 있게 한다

북성로 공동체 소통의 장

0 3 _
액션플랜
소 통 의 장

"

북성로 공구 골목의 구성원인
공구상인과 예술.창업자들이
상생하기 위해서는 소통이 필요하다

"

: 구청 관할아래 한 달에 한번 공구상인들과 예술 창업자들
이 사업에 대해 소통 할 수 있는 시간과 공간을 마련한다

: 상가 번영회와 북성로 허브(창업자)를 결합한 북성로 번
영회 단체를 만들어 상생 할 수 있는 법을 찾을 수 있게
정기적인 회의를 가진다

: 소통을 통해 상생 할 수 있는 방법을 지속적으로 찾아 간다

---

0 4 _
난타
공 구 난 타

" 난타 "

: 우리 나라는 타악기가 발달해 있다

: 공구의 특성상 그 것들이 내는 파찰음이 존재한다

: 북성로는 대구의 근대적인 요소를 품고 있는 장소이다

: 난타의 기본 배경은 우리 전통문화인 사물 놀이와 마당놀이 이다

: 공구의 특성과 북성로의 장소적 배경에 전통문화적 요소를 적용하여
난타 공연을 한다

들어주셔서
THANK
YOU
감 사 합 니 다

가족 과 함께 하는 패밀리 레스토랑

ASHLEY

INDEX

1. 상황 분석

2. 조직 분석

3. 공중 분석

4. 목적&목표

5. Action Plan

---

1 상황분석
애슐리의 브랜드 상황

평일 런치 9,900원

국내 토종 패밀리 레스토랑 중 매장 수와 매출액이 TOP3를 기록

선호도 2위

서비스 만족도 5위

---

1 상황분석
애슐리의 브랜드 상황

"모두가 초대받기를 원하는 우리 마음 속의 가고 싶은 집"

---

2 조직분석
애슐리 PEST 분석

P 외식업체 지도 감시 강화
당 섭취 줄이기 캠페인 실시
가정의 달을 맞아 따르는 효과

E 국민소득 및 가처분 소득의 증가
시장경제의 글로벌화
대기업의 외식산업 진출
소비시장의 세분화 및 다양화

S 주 5일제 근무
외식에 대한 인식 변화

T 식품가공 및 저장 기술의 발달
IT 및 전산 발달에 따른 관리 역량 강화
선진화된 외식산업관련 시스템 유입
(프랜차이즈)

2 조직분석
애슐리 SWOT 분석

S
- 저렴한 가격
- 마트 입점
- 이랜드 유통망 → 매장확장 가능
- 시즌 메뉴 마케팅

W
- 샐러드바의 신선도 관리
- 메뉴의 한계성
- 한정적인 소비자층
- 통신사 제휴 할인 불가능
- 멤버십 혜택

O
- 경쟁업체보다 점포수 多 (접근성 용이)
- 매장선택 가능(Classic/W/Queens)
- 소득수준 향상에 따른 외식문화 성장
- 웰빙 식품에 대한 관심 증대
- 스마트폰 보급으로 인한 SNS이용 증가

T
- 여러 경쟁업체의 존재와 진입
- 원재료 가격의 상승
- 경기 불안에 따른 소비심리 위축

---

2 조직분석
경쟁업체분석

로열티 지불 없는 한국 토종 브랜드

넓은 실내 공간

가족단위의 고객 多

메뉴의 다양성

---

3 공중분석
애슐리 주 소비자분석

➡ 주 고객층
20-30대 초반 여성

3 공중분석

가족을 타겟으로 IMC를 진행할 예정

---

4 목적&목표

---

4 목적&목표

전체적인 **애슐리 이용률을 올리는 것**에 초점
패밀리 레스토랑 **선호도 1위**

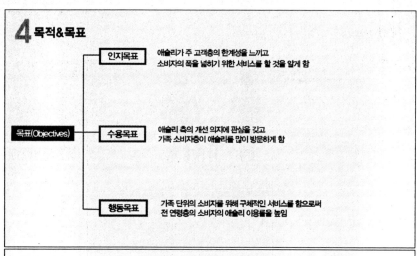

4 목적&목표

목표(Objectives)

인지목표 — 애슬리가 주 고객층의 한계성을 느끼고
소비자의 폭을 넓히기 위한 서비스를 할 것을 알게 함

수용목표 — 애슬리 측의 개선 의지에 관심을 갖고
가족 소비자층이 애슬리를 많이 방문하게 함

행동목표 — 가족 단위의 소비자를 위해 구체적인 서비스를 함으로써
전 연령층의 소비자의 애슬리 이용률을 높임

5 Action Plan

① 통신사 및 제휴 할인

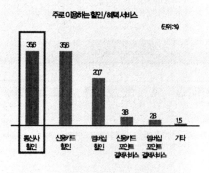

주로 이용하는 할인/혜택 서비스 (단위:%)

5 Action Plan

통신사 3사 멤버십 할인 혜택 제공

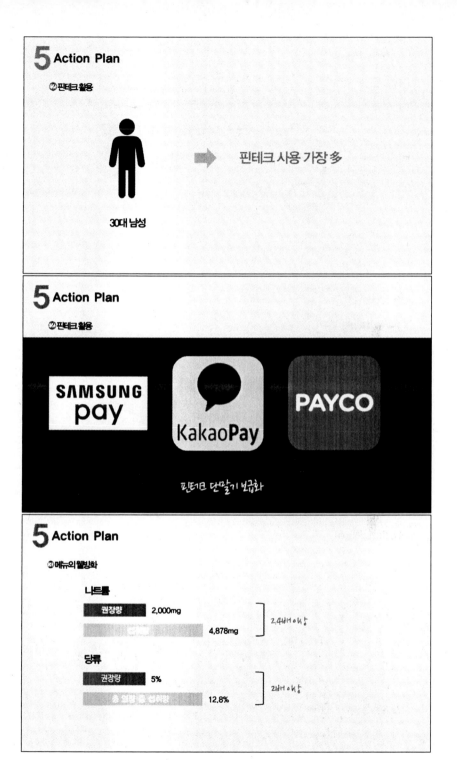

5 Action Plan

③메뉴의 활성화

당, 나트륨 줄이기 캠페인

건강한 이미지 구축

---

5 Action Plan

④패밀리룸개설/패밀리데이

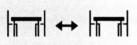

**간격 좁음
가족만의 공간 필요**

매주 화요일
패밀리데이 지정

패밀리룸 개설

---

5 Action Plan

④패밀리룸개설/패밀리데이

매주 화요일 디너는 애슐리 패밀리데이!
가족과 함께라서 더 즐거운 스페셜 이벤트

ASHLEY FAMILY DAY
1만원 할인권

240

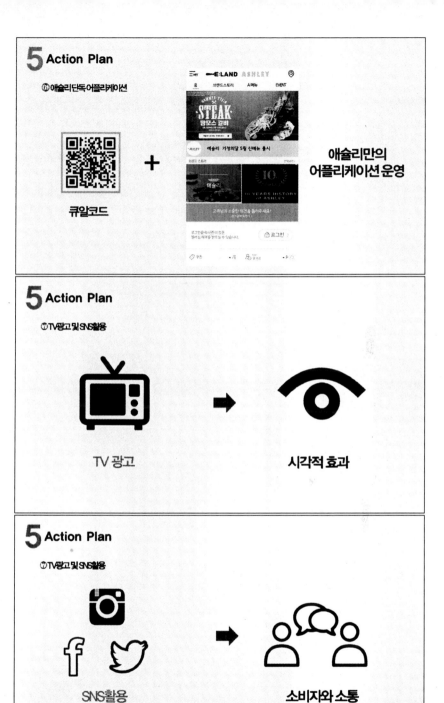

감사합니다☺

색인

IMC 과정	11	IMC 목표	18
PR과 뉴미디어	187	SWOT & PEST 분석	12, 26
공공정보 캠페인	124	광고	40
광고매체 전략	82	광고캠페인 전략	46
광고표현 전략	50	광고표현 전술	57
국제PR	176	국제PR 관점	177
국제PR 전략	179	노사관계	192
노사관계 커뮤니케이션 수단	196	마케팅 PR	115
마케팅 PR 유형	119	마케팅 PR 수단	117
목표 수용자(공중) 분석	27	사회마케팅	124
위기관리	164	위기관리 전략	169
위기관리 점검	168	위기유형	166
쟁점관리	159	정부 관계	171
좋은 언론관계	94	지역사회 관계	103
지역사회관계 10계명	106	퍼블리시티	93

이 도서의 국립중앙도서관 출판예정도서목록(CIP)은 서지정보유통지원시스템 홈페이지(http://seoji.nl.go.kr)와 국가자료종합목록 구축시스템(http://kolis-net.nl.go.kr)에서 이용하실 수 있습니다.

(CIP제어번호 : CIP2020000623)